As besteiras que a Psicanálise disse (e continua dizendo) sobre as mulheres

Mario Jorge Pereira Reis

As besteiras que a Psicanálise disse (e continua dizendo) sobre as mulheres

1ª edição

Editora Ideia Jurídica

AS BESTEIRAS QUE A PSICANÁLISE DISSE (E CONTINUA DIZENDO) SOBRE AS MULHERES

Editor: *Cláudio Luiz Brandão José*
Capa e diagramação: *Rogério Mota*
Revisão: *Leonardo Portella*
1ª edição *2015*
Impresso no Brasil *Printed in Brazil*

Eij

Editora Ideia Jurídica Ltda.
www.editoraeij.com.br
editorial@editoraeij.com.br
Tel. (21) 3437-3400 / 3437-4400

DADOS INTERNACIONAIS PARA CATALOGAÇÃO NA PUBLICAÇÃO (CIP)

R311b

Reis, Mario Jorge Pereira, 1947-
As besteiras que a psicanálise disse (e continua dizendo) sobre as mulheres / Mario Jorge Pereira Reis. - 1. ed. - Rio de Janeiro : Ideia Jurídica, 2015.
121 p. ; 21 cm.

ISBN 978-85-87873-50-7

1. Mulheres - Aspectos psicológicos. 2. Psicanálise. II. Título.

CDD-150.195

JOSÉ CARLOS DOS SANTOS MACEDO – BIBLIOTECÁRIO CRB7 N.3575

Sumário

1

Um saber escolástico

PENSAR SOBRE O BEM VIVER seria a busca de uma verdade essencial para a vida? As ciências humanas, suas pesquisas e conclusões contribuem para aquilo a que chamamos "bem viver"? Sim, certamente podemos afirmar que há na história do pensamento humano uma busca pelo bem-estar existencial.

Cientistas, filósofos, religiosos, antropólogos, sociólogos e psicólogos discursam historicamente, e seria equivocado afirmar que o homem não busca sua própria harmonia no mundo e com o mundo pela via de seus pensamentos e descobertas. Todavia, seria certo dizer que tal equilíbrio se determinaria por uma busca da Verdade do Ser? Uma questão se coloca: o que é a verdade? A verdade seria verdadeira somente para uma dada época? Assim como o homem já acreditou que a Terra era o centro do Universo, a verdade seria verdadeira apenas por um dado período de nossas vidas e, assim sendo, o verdadeiro da verdade seria mutável de tempos em tempos?

Este livro não pretende responder questões desta natureza. Se as ciências exatas, tal como o fazem a Física e a Química, oferecem-nos verdades definitivas sobre o mundo, as ciências humanas estariam em condições de estabelecer postulados consistentes sobre o bem viver, a alma, a psiquê ou sobre o espírito? Quem seria o detentor da verdade última sobre o Bem e o Bom? O padre? O psicanalista? O médico? O filósofo? O sociólogo? Ou o "Eu mesmo", baseando-se nas próprias experiências pessoais, limitadas e finitas? Ou ainda o "Eu mesmo" com suas próprias experiências somadas às experiências de outros, incluindo aquilo que pode ser lido na sabedoria dos grandes pensadores e sábios que refletiram sobre a humanidade do homem? Posso me basear em sujeitos que fazem parte do meu mundo imediato, para que estes me orientem de acordo com os seus respectivos campos de saber?

Se estou com dor de dente procuro um dentista. Se estou com uma infiltração no banheiro de minha casa chamo um encanador. Mas e se minha dor for na alma? Se não for o caso de consultar um técnico, mas sim de buscar um saber subjetivo e abstrato, alguém que detenha o saber sobre o "bem viver", a quem recorrer? Quem detém tal saber? Freud? Santo Agostinho? Sartre? Platão? Lacan? Lula? Fidel? Bispo Macedo?

A Psicanálise não disse apenas e tão somente besteiras sobre o feminino da feminilidade. Mas...

Consideremos uma pessoa hipotética do sexo feminino que procure uma psicoterapia. Ela não se sente de bem com a vida, sua irritabilidade é constante e dorme mal. Essa mulher procuraria um profissional, no caso um psicanalista freudiano, se soubesse de antemão que o inventor e criador do inconsciente moderno teria determinado o órgão sexual feminino lugar dessexualizado, ou que deve ser neutralizado?

A tese é a seguinte: o órgão sexual feminino, sua genitália, é um buraco. Portanto, a mulher porta um vazio, um nada de sexo. Assim, o feminino porta um inominável. Dito isto, temos um feminino que leva a marca de uma sexualidade fora da linguagem simbólica, do discurso social e da ética gregária que organiza o mundo.

Para Freud, a sexualidade humana, libidinal, é masculina, exclusivamente masculina. O que o inventor da Psicanálise conceitua é um buraco no feminino, como uma ausência de pênis, o que faz da mulher sujeito não homem. O mundo seria povoado por indivíduos homens e não homens. Se o feminino é não homem, a mulher não existe. A palavra "mulher" apenas recobriria um não existente no real do mundo simbólico.

A palavra "cão" não late, representa o cão real, aquele que late. As palavras não são coisas. A palavra "mulher" não fode, representa um vazio feminino irreal, um sem-nome no centro de si. Não havendo o nome designativo nem significativo, o feminino se aparenta com o mutismo, isto é, com uma essência fora da linguagem simbólica que organiza as inter-relações humanas.

Se o mutismo é apanágio da morte, a mulher, como lacuna no psiquismo e na fala, está próxima do não ser que é a morte em si; sem existência, sem sexo e sem fala. Pura carne real, desespiritualizada. Puro gozo.

Não estou fazendo piada.

Quero assegurar ao leitor que tais teorizações percorreram toda a obra de Freud e de Lacan, com pequenas inserções e modificações para tentar resolver enunciados tão bizarros.

Um dos impasses a que Freud chegou foi como resolver o fato de que ele mesmo estava vivo e, assim, fora parido por uma mulher que, de fato, havia trepado com um homem. A partir daí foi só pensar na diferença entre sexo e sexualidade. Sexo procriativo não é sexualidade. Portanto, se a mulher não existe, o feminino, para existir, faz-se mãe.

Quanto ao feminino, há um furo no significante/significado que, silenciando a linguagem do puro feminino, o mortifica.

Portanto, é o Ser do pai quem faz o feminino existir como mãe. A mulher é muda e a mãe é faladeira, ou seja, está inserida na linguagem dos mortais humanos. Para as Psicanálises de Freud/Lacan, a mulher, além de se determinar por um não ser, uma mudez, um inominável, uma lacuna, passaria à civilização apenas a partir do momento em que o homem barrasse seus *caprichos.* A mulher é caprichosa. O Ser do pai, tornando o feminino em mãe, salva a própria mulher e o mundo de seus caprichos femininos mortíferos.

É o real do sexo feminino que vai ser recoberto pelo simbólico paterno, inserindo-o numa formalização masculina. Como tela para o feminino irrepresentável, é o simbólico pênis masculino que, atravessando o furo inominável, vai fazer de tal vazio objeto *parcialmente* inserido no mundo da linguagem. A parte simbólica do discurso feminino seria, então, masculina.

Resumindo: quando o pênis entra no jogo, a mulher se torna sujeito existente que fala. O falo ausente do homem seria representação sexualizada que representaria simbolicamente a dessexualização do feminino em si.

Se a Psicanálise, com pretensões a ser ciência, parasse por aqui, diante de tantas besteiras, seria um desastre absoluto como teoria e como técnica. Mas a mulher, até para os psicanalistas, teria que existir de alguma maneira. Varias seriam as soluções propostas. Uma delas: por meio de sua maquiagem, seus adornos e adereços.

A mulher seria a *mascarada*. Seus véus simbolizariam aquilo que ela não é. Seu vestuário, que cobre e seduz, mostra-a na parcialidade de seu desejo de tornar-se sujeito *com um homem*. Um decote, uma saia mais curta, um dado corte de cabelo, um cruzar de pernas, tudo faz da mulher um teatro de paramentos fálicos, simbólicos, que ocultam sua não existência. A mulher é teatral, e seus símbolos são falocêntricos, ocultando aquilo que ela não possui.

O homem tem, a mulher não tem.

Outra solução foi dizer que o homem *tem*, enquanto a mulher *é*. Mas o saber psicanalítico dá voltas. Afinal, ela é o que? A muda, o vazio, o inominável ou a morte? Eis a retórica: o homem tem o falo, a mulher é um *corpo* e um *nada de espírito*. Se a mulher não tem, ela o é. Ela é um corpo. Qual? Resposta: paramentado e falicizado!

Segundo essa lógica, o homem se deixaria seduzir pelos paramentos fálicos, e sua atração pelo feminino seria inexoravelmente homossexual. Nada bom. Nem para eles, nem para elas.

O homem tem o falo e a mulher é o falo-corpo adornado. Para Freud, o pai – o homem, portanto – é função central para o sujeito existir, seja ele do sexo masculino ou feminino. Somente por meio do apelo às suas "potências superiores" o pai represaria, na mãe, "o poderio do sexo feminino". Escrevendo assim sua concepção sobre as potências inferiores do sexual feminino, Freud configura a lei do lado masculino e a mulher como fora da lei. Um filho deve se apegar "aos passos do pai" para adquirir herança espiritual que esteja firmemente "à altura das armas do erro" feminino.

A doce ilusão: o acerto, cuja potência está do lado do homem, transcende o erro, potencialmente do lado da mulher.

Afinal de contas o sexo feminino é dessexualizado ou malignamente poderoso? Poder de dessexualizar ou de hipersexualizar? Quem, senão Freud, dessexualiza a mulher! Voltarei a isso.

É então em nome do pai que a prole se salva da devastação produzida pelo *poderio* que se estrutura no materno maligno. O pai deve privar a mãe do filho e interditá-la, barrando seu gozo no corpo a corpo com seu bebê. É evidente que, dado determinado contexto, é razoável postular que o desenvolvimento da criança se determina pela saída paulatina em face da sua dependência à mãe. No entanto, é necessário destacar que, colocado nos termos freudianos e lacanianos, há, pelo lado da mulher, um poder titânico e *universalmente negativo.*

Se você que me lê estiver realizando uma psicoterapia com um freudiano ou com um lacaniano ortodoxo, saiba que as crenças desse profissional passam por tais convicções teóricas sobre o feminino. Creio que seria relevante considerar que ele está trabalhando suas questões personalíssimas pela via de determinações conceituais passíveis de serem tendenciosamente baseadas em observações pertinentes a uma cultura vienense e vitoriana do século XIX.

Lacan transportou essa cultura para a modernidade pela via do pensamento de filósofos nos quais se apoiou para estruturar seu discurso. Sua modernidade teórica foi embasada em conceitos de pensadores como Hegel, Kant, Sartre, Lévi-Strauss, Heidegger e outros mais, transpostos magistralmente para o saber psicanalítico. Como Freud, ele continuou falando sobre uma sexualidade feminina baseada em suas próprias experiências pessoais, viris e *fálicas* referentes à cultura de seu tempo. Ou seja, contemporaneamente, com o pátrio poder combalido, tal conceituação fica sem nenhuma serventia para o senso comum do cidadão do século XXI, que vive rotina permanentemente aturdida pelos acontecimentos de seu mundo imediato.

O Nome-do-Pai é conceito de Jacques Lacan que segue integralmente essa orientação freudiana. Trata-se da metáfora paterna barrando as armas do erro sexual mortificador e psicotizante da fêmea humana. Convenhamos: há um cenário sombrio pendendo sempre para o lado do inconsciente de nossas queridas mulheres. Sim, o culto ao pai perpassa toda a obra desses dois luminares do saber psicanalítico.

Um conceituado lacaniano, Charles Melman, escreveu, em 2003, o livro *O homem sem gravidade*, para expor sua perplexidade diante de uma modernidade que se afigura desconstruindo este culto ao patriarcado. Em seu texto, ele lamenta, assustado, o desmoronamento da "sagrada instância fálica". Falo sagrado? Muito estranho para um conceito não teológico!

Todo esse arrazoado não soa, claramente, muito menos como teorização dentro de um dado campo do saber, e muito mais como a fé religiosa, "sagrada" e dogmática cravada em proposições monoteístas judaico-cristãs enaltecendo lugares divinizados?

Freud: "Que o cálculo seja exato e, como trabalho herdado do pai, se transfira ao filho e, pela decisão dos séculos, que se una em comunhão no espírito aquilo que, nas mudanças da vida, se desagrega".

Que *aquilo que se desagrega*, o feminino, possa se unir em comunhão no espírito mais altaneiro, em nome do Pai, do Filho, *pela decisão dos séculos*, amém.

O apêndice masculino, o pênis, é dotado de representação significada, um *há* signo-significante-significado, enquanto a sexualidade feminina é pura lacuna, fora do discurso e silêncio enigmático. Quando deixa de ser enigma, emerge como *aquilo que se desagrega* ou *aquilo desagregador*?

Para deixar de ser seita pastoral, a institucionalidade psicanalítica deveria promover as abordagens teóricas dos corpos e dos afetos para além de mera construção/tradução que organiza formal e politicamente uma *ordem* universalmente fálica em oposição a um *caos* universalmente feminino.

O erro consiste em considerar algo que é fenômeno da cultura, nomeadamente o conceito de *inveja do pênis*, como dado estrutural na humanidade do feminino. A sociologia burguesa e os ideais do homem pós-moderno se iniciaram no século XV com a revolução econômica. Contemporaneamente, algo bem diferente emergiu nesse ideal e nessa sociologia.

A ocultação do princípio feminino sob o ideal masculino deve ser revisitada por qualquer sujeito que tenha a pretensão de pensar o século XXI.

2

O pênis invejado

A INVEJA DO PÊNIS é conceito de época e lugar. Sua universalidade é falsa. O que sempre houve, mas nem há mais, foi a inveja sobre a dominação masculina, seu poder e sua autoridade incontestáveis que forjaram um patriarcado que governou o mundo ocidental durante milênios. Esse modelo desmoronou na sociedade burguesa de hoje. Vale dizer que na cultura chinesa o patriarcado sequer existiu em qualquer tempo. Na cultura dessa nação a lei não é masculina.

O sistema patriarcal é repressor e coercitivo. Sua ideologia é masculina. Os três monoteísmos planetários são determinados por deuses opressores, punidores e viris. Pais fazedores de leis misóginas e rigorosas que representam sua dominação absoluta e incontestável. "Os chineses não suportam de bom grado nenhuma coerção", é o que nos diz Marcel Granet em seu livro *O pensamento chinês*: "Nem Deus, nem Lei... a sabedoria chinesa é uma sabedoria totalmente independente e totalmente humana" (GRANET, 2008). Assim sendo, o inconsciente dos chineses não é freudiano.

Em seu universo cultural não existem categorias de *gênero* nem de *espécie*. Sem tais categorizações na linguagem chinesa, os pensamentos inconscientes desse povo não têm como pensar fantasias edípicas estruturadas na dominação de um gênero sobre o outro. Até porque o que é *Yin* não faz *oposição* àquilo que é *Yang*, jamais havendo oposição ou rivalidade entre sujeito e objeto. Outra língua, outra linguagem, outro inconsciente?

Se a universalidade do complexo de Édipo não é universal, tampouco a interdição do feminino; se tal mito é produção ocidental e, portanto, setorizado no tempo e no espaço, a mulher existe ou existiu em outras épocas e culturas? A teoria geral da relatividade, de Einstein, vale para o esquimó e para o europeu; o inconsciente freudiano vale para todos?

Mais do que masculina, nossa cultura ocidental se forjou cravada num ideal nomeadamente "másculo". Esse termo designa um masculino excessivo, dominante e dominador, completamente presente na ideologia burguesa do século XIX e do início do XX. O século XX foi freudiano por excelência, mas os ideais que forjaram o aparelho psíquico de Freud são aqueles do século anterior.

"Másculo" é eufemismo produzido para enaltecer predicados, tais como agressividade, potência, luta, atividade e – *least but not last – violência construtiva*. É fácil notar o paradoxo embutido na proposição em negrito. Seria um oximoro se não fosse uma ideologia da moral burguesa que campeou pelo mundo no referido período histórico.

Se o furo no feminino é destituído de significado, para Freud isto se deve às teorias sexuais infantis que permeiam o inconsciente humano. A criança, homem ou mulher, ao observar o órgão sexual feminino, o concebe como lugar onde algo falta, algo que lá já esteve e foi retirado, ou algo indesenvolto que ainda vai crescer. A vagina é negada.

Se o pai da Psicanálise efetivamente escutou tais devaneios fantasísticos vindos da boca de crianças pequenas isto ainda é mistério. Poderíamos considerar a hipótese de ele ter traduzido as falas de seus analisandos adultos, homens ou mulheres, como portadoras desse discurso. Lá, no inconsciente de um sujeito adulto, ele detectou tais conteúdos infantis. Mas, numa cultura "máscula" a anulação do feminino como sujeito não seria, historicamente, verdade verdadeira presente na *consciência* das classes dominantes, isto é, nos excessos do masculino?

Voltemos ao início das teses freudianas sobre os primordiais fundamentos da sexualidade humana. Trata-se sempre de um trauma, uma violência. Os roteiros imaginários produzidos pelas fantasias sexuais infantis são sempre terríficos, prenhes de luxúria, assassinatos, ódios e canibalismos bizarros e macabros.

Isso porque na criança a sexualidade em si advém de fora, do exterior. Se os adultos que cuidam dos bebês são plenamente sexualizados, estes, por sua vez, são plenamente dessexualizados. É o desejo da mãe de cuidar, seu amor e sua paixão, o vetor que vai sexualizar o corpo imaturo da prole humana. Isto se dá no corpo a corpo dos cuidados maternos. A teoria tem uma lógica cristalina.

Ao tocar a criança pequena, a mãe, plena de paixão, vai carrear, mesmo sem o saber, sua sexualidade adulta nas operações de maternagem. Cada olhar, toque ou palavra proferida leva consigo seu inconsciente sexualizado para injetá-lo no corpo do bebê. Tudo, então, é passível de ser órgão de prazer: as mucosas, os orifícios corporais, a pele, até mesmo os órgãos internos; tudo, enfim, passa a ser fonte de excitação, gozo e júbilo sexual. Tais excitações eróticas seriam estruturalmente pulsionais, porém ainda não significadas sexualmente como tal. As erotizações do corpo, sob o ponto de vista da criança, são enigmáticas e, por assim serem, traumáticas. Todos esses pontos e lugares erotizados são fontes de prazer a serem posteriomente significadas. Com excessão da vagina?

Sim, a criança é "violentada" por estar submetida a prazeres que já incluem a ordem de um sexual adulto sem sentido para ela. É um efeito colateral. Ela não e violentada pela pulsão agressiva da mãe, mas sim pela sua pulsão de domínio, pela sua sexualidade e pela sua pulsão de cuidar. Veremos que o roteiro dos cuidados parentais efetivamente não tem nada de romântico ou idílico quando submetido aos escrutínios da leitura psicanalítica.

É a mãe quem decide tudo: quando seu filho tem fome, quando está com cólica, quando está com dor, sono, sede e por aí vai. Seu poder é absoluto e seu saber incontestável. Será que ela acerta sempre? É obvio que não! Quem garante que, no momento em que a criança estava com fome, naquele dia x, a mãe não lhe trocou as fraldas ao invés de lhe dar o peito? A criança é, assim, violada, invadida mesmo, até pelo próprio erro operacional dos equívocos, mesmo que pontuais, do cuidador ou cuidadora.

O exterior, incluindo o sexual, é invasivo, traumático e enigmático para qualquer recém-nascido. Mas não pense que a criança é só uma vítima. Ela reage. Não é o sujeito que é reativo, mas o próprio corpo-sujeito, ou o Eu-corpo. Há também a fadiga, a angústia e até mesmo o ódio maternos diante das reações corporais infantis. É comum e frequente a exaustão da mãe que amamenta. Pai ou mãe, quem deixou de viver a experiência de testemunhar seu filho berrar durante seis, sete, até mesmo oito horas seguidas?

Donald Winnicott, psicanalista inglês, forjou conceito muito interessante sobre tudo isso: o de *mãe suficientemente boa*. Basta ser boa na medida suficiente, não é necessário ser integralmente boa. Aliás, como Winnicott percebeu muito bem, é impossível ser *integralmente boa*. Ninguém é um poço de virtudes, e o ser humano erra. Resumindo: entre mortos e feridos, por entre sangue, suor e lágrimas, no final todos se salvam. Ou não.

Quero chamar a atenção do leitor para esta cena das origens, originária e fundadora. Podemos enxergar nestes colóquios entre mãe e filho a prática de pujante pulsão de domínio totalmente inserida no princípio feminino. A mãe amorosa e a mulher sexuada dominam inteiramente a cena. O princípio masculino, ou "másculo", só vai ser protagonista no enredo pós-neonatal num segundo momento, com a entrada do pai, e ainda assim se a mãe o permitir.

Por qual motivo Freud não produziu o conceito de *inveja do seio*, ou o de *inveja do útero*? Tal dominação é ou não é universal? Resposta: Freud sempre se sentiu um

Patriarca. A pulsão de domínio corria no leito da sua pulsão de saber?

Fato é que o debate psicanalítico pela questão da sexualidade feminina parece não interessar a mais ninguém. A época de ouro da Psicanálise ficou para trás. Ela atravessou a grande aventura intelectual do saber freudiano que foi o século XX. Aqui, interesso-me pelo nascedouro das ideias de seu inventor, suas ideologias, seu tempo e seu meio. Freud, seu pensamento, faz parte da cultura de uma época. Como psicanalista me interesso pelo ocaso no qual vivem os conceitos de um cientista que influenciou tantas pessoas durante tanto tempo.

Um sábio, sendo como todos nós demasiadamente humano, também diz bobagens. Noutro momento, com outro foco cultural guiando nosso olhar sobre o mundo, saibamos repensar as besteiras ditas por esse grande pensador vienense, cujas ideias, mas nem todas, estão tendenciosamente inseridas numa dada época ou cultura.

Identificar as características "másculas", mais do que "masculinas", no campo do saber psicanalítico relacionado à personalidade do inventor da Psicanálise é direito teórico do qual me aproprio neste livro. A compulsão de atacar qualquer crítica ao teor das teorias freudianas e a seus conceitos como um ódio à Freud - Élisabeth Roudinesco assim o fez em seu livro *Freud – mas porque tanto ódio?* - se baseia num culto à personalidade sem qualquer embasamento sério para o próprio saber em si. Por essas e outras, a Psicanálise perde terreno no mundo moderno; pela irracionalidade apaixonada e dogmática dos próprios psicanalistas, seus mitos e ideologias.

Mas voltemos à lógica da sexualidade humana fundada num território feminino de dominação, invasão e poder. Retornemos também a um indivíduo que percebeu esse poder, viu-o, conviveu com ele, com as mulheres – histéricas ou não – de seu tempo, que era seduzido, apassivado e aprisionado por um poder feminino cuja potência sempre foi sedutora e abandonadora. "Sedutora" e "abandonadora" são significantes que designam a essência da mãe normal para qualquer criança normal. Trata-se da quintessência real do ato materno, inscrita indelevelmente nas fantasias infantis mais primárias, que forma o estofo do inconsciente; presença ou ausência maternal, ser amado ou desamado, determinam um dos princípios mais precoces da formação do inconsciente.

Do modelo de maternagem que vivemos nos primórdios da existência ninguém escapa, jamais escapou, nem Freud. Nossas primeiras impressões sensoriais e excitações eróticas procedem dessa díade das origens. Assim como ninguém escapa de sua história cultural, religiosa, ambiental ou racial, o meio também nos forma, e o primeiro ambiente maternal nos marca para sempre.

Se é verdade que permanecemos marcados pela maneira como fomos amados ou desamados no início de nossas vidas, haverá sempre em nós memória da impotência das origens, que nos faz absolutamente submissos aos desígnios do desejo da mãe e de sua pulsão de dominação.

O modelo afetivo do jovem Freud, isto é, seu modo de amar as mulheres sempre foi impressionantemente despótico. O fato de ele se identificar com Alexandre e Aníbal permeia sua posição burguesa e "máscula" prenhe de autoritarismos irrefreáveis, contaminando inclusive seu amor para com elas. Tal posição subjetiva se delineou com a máxima clareza no período de seu noivado com Martha Bernays. Freud jamais tolerou a autonomia e a liberdade de sua futura esposa. Durante os quatro anos de noivado, por se sentir escravo de seu próprio envolvimento emocional e incondicional com Martha, exigia dela incondicionalidade afetiva, ornada de marcante possessividade e ciúme. Em 1940, dois anos após a morte do marido, ela falou sobre seu noivado: "Foi uma tortura!".

A ideologia burguesa e viril dominava a cena do desejo do patriarca da Psicanálise, e sua virilidade incluía, sim, traços de violência "máscula". Todavia, Martha jamais se submeteu à possessividade neurótica de seu amado. Durante todo o tempo preservou intacta sua independência diante das demandas exclusivistas do noivo abusivo e invasivo. Sim, invasivo. Seria razoável nomear a autoridade de Martha perante si mesma e perante Freud, sem jamais ceder às suas demandas estapafúrdias de "reivindicação viril"?

O desejo de conhecimento analítico, incluindo o psicanalítico, é sempre desejo de invadir, cortar, entrar no objeto, desvendar seu enigma e submetê-lo a um saber sobre seu corpo material ou sobre seu espírito. Trata-se de violência aculturada e socializada, mas ainda sublimada.

Autoritarismo, posse e domínio, eis a tríade que determinava o amor de Freud por Martha. A mesma tríade que configura as mães sexuadas nas operações erotizadas, iniciáticas do bebê humano. Enquanto o inconsciente retém tal inscrição de dependência na memória primaríssima do animal humano, a cultura burguesa só faz lapidar a cena arcaica com seus ideais "másculos" de dominação cultural, invertendo reativamente a essência do princípio feminino primordial. As mulheres não podem e não devem ser livres, e suas essencialidades, seus seres devem ser "barrados" em Nome-do-Pai e do filho masculino. Eis Freud/Lacan com suas respectivas inseguranças e teorias baseadas nos fantasmas singulares de uma clara mitologia infantil.

Lacan nomeia a pulsão de domínio da mãe sobre seu filho pequeno de "*excesso* de ternura". Como pode, em seguida, esse grande mestre do "retorno a Freud" nomear tal excesso dominador de "virilidade de seu próprio caráter"? A estrutural atividade feminina dos começos e princípios da vida é *viril*?

Outra majestosa besteira psicanalítica sobre o feminino é o conceito do "protesto viril", peculiar à mulher. Como o homem é estruturalmente dominante, a mulher protesta. Masculamente? Santa ingenuidade de Freud e Lacan! Diante das suas memórias individualíssimas, arcaicas, mal resolvidas, posto que não psicanalisadas a contento, não entenderam que o tal "protesto viril" é sistema essencialmente masculino, contra a dominação das origens, feminina, e jamais um *pathos* estruturalmente relacionado a uma inferioridade original da mulher. O poder superior, onipotente, das origens, é, e sempre será, feminino.

Até Deus sabia disso quando escreveu o roteiro da primeira e libertária sedução humana alocado em Eva.

Freud disse à noiva: "Tenho que admitir para mim mesmo que tenho um traço tirânico em minha natureza e que é dificílimo para mim submeter-me".

Como formação reativa, o rigor da dominação patriarcal e "máscula", violenta e belicosa tomou múltiplas formas sociais para se defender do paranoico medo masculino daquilo que a cultura viril nomeia de "estrutura matriarcal".

Como se a "pulsão de domínio" maternal fosse essencialmente belicosa, e não apenas traço necessário à cena de maternagem.

Lacan escreveu que a "interdição da mãe" é "obrigação primordial" reconhecida por sociólogos e psicanalistas (LACAN). Resumo: o pai interdita a mãe e assume, na cultura, poder que foi estruturalmente da mãe diante de todos os seus rebentos, homens ou mulheres.

Sociólogos e psicanalistas continuam, no século XXI, fazendo de seus noivados com o feminino, como diria Martha Bernays, "uma tortura"?

3

Demoníacas e selvagens

"PORTÃO DO DIABO" e "esposa de Cristo", eis como os padres medievais classificavam as mulheres; a metade da humanidade era dividida em duas metades. Diabólicas por quê? Simples: porque desejantes, sedutoras e sexualizadas. Esposas de Cristo por quê? Porque casamenteiras, de boa cepa familiar, *esposa* e *mãe*. A Virgem Maria e Maria Madalena são protótipos ideais e arquetípicos de tais oposições míticas. Esposa e mãe, cavalgando a ideologia do mito virginal, são significantes que excluem a sexualidade, o desejo de gozo e o orgasmo. Assim as viam os padres da Igreja e seu respectivo rebanho de fiéis, o maior do planeta, que fundamentaram a ordem burguesa ocidental por, pelo menos, três séculos "iluministas".

Essa cultura separatista permanece, hoje, nos ideais e nas escolhas de objeto masculinas, mesmo entre os mais pós-modernos sujeitos "másculos". Nenhum macho que se preze escolhe como esposa uma fêmea que conheceu no *Rock in Rio*. A "eleita" será vislumbrada em alguma ocasião como o batizado do sobrinho do melhor amigo, e tal opção se faz na absoluta crença e na radical certeza de que a moça não é amante do padre que ministra a santa e "fálica" cerimônia eucarística. "Portão do demônio" e "esposa de Cristo" são mitos patriarcais que permanecem fazendo seus efeitos na realidade neoliberal do século XXI. Muito além do mito de Édipo.

Aliás, a clínica o demonstra: quanto mais liberal é a cultura moderna a favor dos prazeres e gozos, mais conservadora se torna a instância superegoica, reguladora das pulsões do Id. Principalmente entre os homens. Como explicar o desejo de institucionalização, casamento etc., entre os homossexuais, os sujeitos mais transgressores, libertinos e liberais da história da sexualidade humana?

O Eu, instância psíquica, por maiores e mais sedutores que sejam os valores liberais no capitalismo tardio desta nossa era, continua tão ingênuo em suas crenças míticas quanto o Eu de Adão e Eva. O trajeto sexual/afetivo da mulher nos dias de hoje é mais acidentado do que a simples e diversificada polaridade do nosso passado recente: periguete, ficante, namorada, noiva e esposa. Cada vez menos se chega ao último termo da série. Na época de Freud elas eram *mães*, infanticidas, prostitutas ou ninfomaníacas.

Sigmund Freud, segundo sua particularíssima e mitológica invenção sobre o princípio feminino, nomeava de "complexo de masculinidade" tudo aquilo que a filosofia patrística medieval designava como acontecimento e verdade na categoria de "portão do diabo". Ele concebia como *objeto* das suas próprias fantasias *sexuais* masculinas as mulheres com "naturezas selvagens e passionais", e como *objeto* das fantasias *conjugais* as mulheres "delicadas", passivas, "de quem eu pudesse tomar conta". Já vimos que nem mesmo Martha

Bernays se submeteu às suas demandas de amor viril, irrestrito, espoliador e incondicional.

"Uma mulher forte nunca foi meu ideal". Quando o jovem Freud fez esta declaração, a Psicanálise ainda não havia sido inventada, mas seu enunciado denunciava que ele já era freudiano aos 25 anos de idade. Mais fortes do que o desejo de conhecimento são os ideais de um pesquisador. É natural, corriqueiro mesmo, que o ideal do ego de um cientista contamine suas teorias.

Tendo sido um pai judeu e burguês convencional, o que temos que perguntar é: o que seria um *pai burguês convencional*, sua idealização, no século XIX? Se a questão envolve um emaranhado de complexos elementos e análises sócioantropológicas e filosóficas, uma coisa é certa: o pai normal daquela época era marcado, em sua personalidade, por claro ideal de domínio, conquista, poder e violência construtiva.

Na Alemanha, o pai de família provedor e o Estado estimulavam uma pedagogia corporalmente mutiladora entre os jovens. Nenhuma novidade: desde o Velho Testamento, nosso velho e bom Pai utilizava essa "tática" para com o seu povo escolhido. Assim como o amor, a agressividade humana muda de estilo de tempos em tempos. Os estudantes alemães praticavam o *Mensur*, o equivalente do nosso MMA no ano de 1900. Com uma diferença: era um duelo armado.

Peter Gay em *O cultivo do ódio – a experiência burguesa da rainha Vitória a Freud*, descreve esses rituais másculos de maneira extraordinária. Trata-se de obra sobre o cultivo do ódio no ocidente nesse período histórico.

Segundo Peter Gay (1995), "os humanos, animais beligerantes que são, cultivam seus ódios porque obtêm prazer com o exercício de seus poderes agressivos". Frase emblemática sobre tese freudiana. Chamo a atenção para o que já foi dito anteriormente: o poder da mulher sempre se restringiu ao ato de maternagem, isto é, ela jamais teve qualquer poder no campo político ou militar, territórios exclusivamente dominados pelo masculino "másculo". Ainda era assim em 1900, ou seja, as mulheres não tinham voz de mando na política de Estado. Suas demandas por direitos civis ainda engatinhavam.

Mas voltemos ao tal do *Mensur*. Essa prática duelista definia ritual educacional plenamente inserido na cultura alemã. Tal ato estabelecia modos de ações calcados no rito do combate mortal, rotineiro, entre dois homens *honrados*, visando a determinar simbolicamente um código de conduta formalmente inserido em muitas de nossas sociedades patriarcais. Se nos dias de hoje o prejuízo por um dano moral é decidido nas barras dos tribunais, em 1900 era o desafio e o duelo armado que resolviam as questões entre os sujeitos masculinos. Detalhe: o exercício de poderes agressivos jamais foi ritualizado entre as mulheres, seres, segundo Freud, portadores de importante "deficiência genital" (FREUD, 1974, p. 162).

Embora, segundo o pai e inventor da Psicanálise, as mulheres tenham "pouco senso de justiça" (Ibidem, p. 164) pela predominância da inveja em sua vida mental, e apesar de imutável "rigidez psíquica" (Ibidem, p. 165), nenhuma mulher jamais praticou o ato duelístico, provavelmente por não hipervalorizarem a tal da *honra* entre elas mesmas. A *questão de honra* sempre fez parte dos ideais infantis do homem másculo. Ou talvez o fato de serem fisicamente mais fracas as tenha livrado de ritos tão estúpidos.

Numa sala ampla, sórdida, de paredes marcadas por sangue, suor e cerveja, reuniam-se os jovens duelistas. A multidão de estudantes ali presente fumava, bebia, ria e se encarapitava em bancos ou sentava-se no chão. Com o árbitro a postos, iniciava-se a luta de sabre entre os oponentes, fazendo voar pelos ares bochechas e pedaços do couro cabeludo, salpicando de sangue teto e paredes.

Mas não havia morte entre os contendores. Como um esporte *civilizador*, o *Mensur* era uma espécie de disciplina contra paixões mais catastróficas. Útil na construção de um caráter viril, também ensinava os jovens alemães a terem frieza e coragem.

O que torna tudo isso ainda mais interessante, sob o ponto de vista psicanalítico, é o fato de que o desejo dos protagonistas de tais bizarrices era menos a nietzscheniana *vontade de potência* e muito mais a *vontade de perder*, de ser derrotado. Era mais do que necessário exibir a cicatriz, posteriormente mostrada como troféu. Após a luta, os médicos de plantão suturavam os ferimentos que se davam predominantemente em dois lugares: no lado esquerdo do rosto e no topo da cabeça. Peter Gay: "De vez em quando se veem os dentes de um deles expostos quase que até a orelha...".

Se o objetivo era sair da universidade com o maior número possível de cicatrizes, os duelos realizavam claro desejo exibicionista. Não era suficiente ser viril, era mais do que imperioso *parecer* viril. Já referimos anteriormente que a mulher seria determinada, pela nadificação de seu orgão sexual *deficiente*, na categoria da mascarada. Seus adereços recobrem seu furo: mostrar, pelo véu da coqueteria, o que não têm. O que dizer do exibicionismo "másculo"? Sim, os homens em 1900 não portavam brincos ou *piercings*, mas por acaso suas grotescas cicatrizes não exerciam a mesmíssima função? Mutilados, os seres "másculos" sempre tiveram boas razões para saírem mundo afora exibindo seus grandiosos sabres eretos e mutilantes.

Pedagogos, pais e mestres usavam sistematicamente a proposição *másculo* para designar algo necessário na formação dos jovens. O termo *masculino* era claramente insuficiente para definir seus propósitos.

A questão é que a *vontade de perder* revela toda uma mitologia máscula encobrindo uma fantasia de *impotência*. Está claro que o subsequente exibicionismo encobre poderosíssimo sentimento de menos valia, fazendo seus efeitos no mundo predominantemente masculino. Se o protesto viril é o excesso do masculino, como explicar a *insuficiência* feminina? Se a mulher é realmente insuficiente, por que razão a clara e *excessiva* masculinidade? Se lido com algo inferior, como o são as mulheres para Freud, por que me fazer tão *grandiosamente* superior? Como explicar a vontade de um *super Pênis* tão violento? Por uma simples razão: sou e sempre fui assolado pela superioridade e pelo domínio do feminino.

Quando Freud nasceu, em 1856, sua jovem mãe, Amalie, era uma mulher enérgica e determinada. Um de seus netos a descreveu como "egocêntrica" e "dominadora". É impossivel, hoje, sabermos o que veio a ser colocado pelo neto como *dominadora* ou *egocêntrica* visando a definir o temperamento de Amalie. Certamente ela não teria sido um *anjo doméstico.*

"Sinto-me tão masculino", afirmou Freud a Hilda Doolittle, sua paciente. Ele se sentia desconfortável quando tinha que lidar com seus analisandos que, na transferência, o colocavam na posição de mãe. Isto porque sua necessidade de domínio sempre foi escandalosamente neurótica. Era-lhe extremamente difícil adotar posição passiva. Sob a máscara do amor patriarcal, vimos acima, habitava um dominador que se confessava tirano. Eis o "tão masculino" em Freud impondo sua autoridade e seu desejo incondicional perante sua família, seus amigos, colegas e pacientes.

Quando digo que seus conceitos sobre o princípio feminino são um amontoado de bobagens, quero afirmar que suas teses denunciam meros preconceitos de sua época, culturais e não universais. Nem o ideal de masculinidade, tampouco o de feminilidade, jamais poderão delinear a verdade do homem ou da mulher. Como o próprio nome diz, um *ideal* jamais pode configurar um *real.*

Quase nunca nos damos conta de que, ao afirmamos uma *verdade* sobre isso ou aquilo, estamos produzindo uma configuração mental que opera de maneira muito automática. Até mesmo uma sofisticada elaboração teórica pode "ver" coisas de acordo com a realidade reducionista quanto aos hábitos de uma dada cultura na qual estamos mergulhados. Promover um sofisticado sistema de pensamento que marca, define e distingue uma dada época é coisa rara, para poucos gênios inspirados. *Ler* o mundo é extremamente complexo, e nosso cérebro, incluindo os dos gênios, pode incorrer em espetaculares ilusões. Mas pensar sobre as coisas, os fatos e os homens não é somente atividade do cérebro. É também ato mental, ou espiritual, como diriam os filósofos.

Por maior que seja minha capacidade de abstrair pensamentos sobre os fatos do mundo, vou incorrer em análises tendenciosas referentes aos meus particulares tempo e espaço finitos. Se Freud, sua leitura da alma humana, ultrapassou genialmente seu singular momento cultural, ele também enunciou teorias embasadas em arcaísmos primitivos e equivocados. Principalmente sobre o princípio feminino.

A domesticidade da mulher era mito incontestável na cultura do século em que Sigmund Freud nasceu. Não se discutia a polarização entre os sexos e tal obviedade sempre privilegiou a agressão para o homem "másculo", porque ele é homem. O que é muito claro para a sabedoria popular sobre "masculino" e "feminino", para a ciência permanece com significados confusos e ambíguos. Dizer que as mulheres "são feitas para amamentar e que os homens o são para o trabalho do mundo" (GAY) é odiosa prescrição. Mas assim se davam as coisas em meados do século XIX.

Qualificar a mulher de *delicada* é querer reduzir o desejo feminino à passividade radical e à obediência servil, representando, como disse Freud, um "anjo doméstico", subserviente e submetido à exclusiva posse de seu macho.

Uma coisa é um homem desejar para si uma mulher passiva, outra coisa é dizer que a mulher, esse misterioso "continente negro" feminino, essa criatura destituída de "senso de justiça", é passiva.

A sociedade como um todo protagonizava o mesmo roteiro sobre o feminino, inclusive as mulheres. Em sua maciça maioria elas satisfaziam a fantasia dos homens. Freud só fez seguir o curso da maré. Médicos e teólogos compartilhavam da opinião de que o homem não precisa das mulheres na Ciência, na Filosofia, na Política e nas Artes. Como flor que desabrocha em harmonia, sem luta e sem resistência, como disse Hegel, ela é destinada ao lar e à maternidade. E só vai se tornar sujeito *com* um homem, tornando-se mulher *de* um homem.

Fazer da violência aberta o seu negócio, monopólio dotado de amplo "senso de justiça", posto que a inveja seja atributo exclusivamente feminino, é direito e dever somente dos homens.

Karl Koller, contemporâneo de Freud, foi o médico que descobriu os efeitos anestésicos da cocaína. Em 1885, devido a desavença com um colega em torno de um paciente numa enfermaria de emergência, foi chamado de "porco judeu". Desafiou o colega e o incapacitou gravemente num duelo de sabres. Recebeu inúmeras cartas de congratulações. Uma delas era assinada por Sigmund Freud.

4
Masoquismos

UM HOMEM DESEJA SER cortado e sangrado, depois brutalmente suturado, e fica feliz da vida com as inscrições cicatriciais daí provenientes, desenhadas em seu corpo para o resto da vida. As marcas corporais que herdou da surra manifestam a imagem e o símbolo de seu *sexo forte*, ativo, e revelam que a selvageria e a barbárie viris são compatíveis com os elevados padrões morais de seu tempo.

Para Freud, o problema do masoquismo está ligado à sexualidade passiva e ao prazer na dor. Se o masoquismo masculino fica tão às claras nos duelos sangrentos entre os meninos, fica óbvio que a posição masoquista não pode ser exclusivamente feminina, como teorizou Freud. Seu pensamento determinava o masoquismo masculino como "moral" e não "sexual". O masoquismo primário é um dos elementos erógenos básicos da estrutura *feminina*; leva-a ao desejo de ser penetrada para ter filhos.

Não faz o menor sentido afirmar sobre a posição passivo-feminina dos estudantes gladiadores. Os psicanalistas ainda não se livraram de algumas de suas ideias fixas: quando o homem é passivo eles veem feminilidade inconsciente no portador do pênis; quando a mulher é ativa eles veem masculinidade na despossuída do pênis. A anatomia não é o destino. O próprio Freud confessou sua ideia fixa em seu artigo sobre a feminilidade: "Se os senhores rejeitarem essa ideia como fantasiosa e considerarem *idée fixe* minha crença na influência da falta de pênis na configuração da feminilidade..." (FREUD, 1974, v. XXII, p. 162). Elas, as mulheres, são também "mais débeis em seus interesses sociais" (Ibidem, p. 164), já que vieram ao mundo para "tecer e trançar" (Idem).

Pretendo delinear, aqui, a possibilidade de haver masoquismo masculino por parte dos filhos homens, isto é, toda uma geração de jovens, baseada no sadismo real dos pais vitorianos. O que é bizarro na tese de Freud é considerar todo masoquismo como feminino. Pais violentos gerando nos meninos uma feminização masoquista?

Na opinião do mestre vienense, a histeria feminina se dá devido à não aceitação de desejos sexuais rebeldes por parte da própria histérica. O que ele não diz é que tais *desejos rebeldes* assim foram listados e categorizados pelo poder masculino que dita normas e regras.

Nota: no mundo pós-moderno, o que era nomeado por Freud de *desejos rebeldes* não passa de trivial brincadeirinha de criança.

Os ideais da moral civilizada vitoriana só seriam compatíveis com desejos selvagens, bárbaros e "rebeldes" do lado masculino. Como o Nome-do-Pai nesta época interditava e depreciava a mulher sexualmente "perversa" com rigor aviltante, ao homem cabia legislar a seu próprio favor e considerar sua violência máscula dentro de uma ética "civilizadora". Numa sociedade falocêntrica, o sujeito masculino que deseja ser espancado e sangrado, assim como o espancador, *não* configura quadro neurótico ou sadomasoquista. Isto na Alemanha, em 1900, país que influenciou toda a Psiquiatria de Freud.

A grande revolução freudiana foi, dentre outras, mostrar a sexualidade infantil, seus prazeres erotizados para além dos gozos genitais, incluindo, como já dissemos, a boca e o ânus. Com exceção da vagina! Tudo, menos a vagina!

Nas crianças, essa perversão polimorfa é presente em meninos e meninas. Na fase adulta, tais impulsos primários serão recalcados em favor da organização normal e genital, procriadora. Mas as fantasias inconscientes permanecem fazendo seus efeitos, tanto nos homens como nas mulheres.

Quando uma mulher cujo destino é "tecer e trançar" vivencia fantasias e desejos dessa natureza, sexualmente perversos, podemos imaginar seu sofrimento diante do juízo que fará de si mesma. Sexo selvagem faz parte da estrutura inconsciente em ambos os sexos. Mas a violência externalizada em ato, sexual ou não, só é tolerada eticamente entre os homens. São eles que ditam o que é certo ou errado, bonito ou feio, bom ou mal para uma sociedade centrada em valores fálicos. Portanto, zero de sadomasoquismo *masculino*.

Ao se congratular com seu colega judeu que, num duelo, aleijou um desafeto, Freud se coloca do lado da violência construtiva civilizada, moralmente aceita por um mundo governado por homens. E é este mesmo mundo que repudia os desejos libidinosos da mulher passional, sensual e sedutora. Para elas o sexo foi feito para procriar e torná-las mãe. Masoquisticamente?

O homem, por sua vez, só é masoquista se for impotente. E é impotente por ser um macho feminino. "Possuímos suficiente familiaridade com este tipo de masoquismo (feminino) nos homens". O desejo masculino de ser "amarrado, amordaçado, dolorosamente espancado, açoitado, de alguma maneira maltratado", proveniente de homens masoquistas "amiúde impotentes" e masturbadores, derivam também do fato de que agem como crianças pequenas e desamparadas, mas, "particularmente como uma criança travessa" (FREUD, 1974, v. XIX, p. 202). Tais homens agem como crianças e também como mulheres. Ou como crianças femininas?

Pois bem, acabamos de ver acima o que, para Freud, querem as mulheres. Vamos agora tentar compreender o que *eles* querem. Para tanto, é necessário que entremos no seu mundo *masculinizado*.

Vimos um mundo de rapazes com desejos de serem dolorosamente espancados. O que é intrigante nas teses freudianas é o fato de elas serem indicadoras de que toda uma geração de burgueses alemães do século XIX era feita de rapazes masoquistas, portanto feminizados, masturbadores e impotentes, o que seria um absurdo teórico.

"Uma coisa que remanesce nos homens, da influência do complexo de Édipo, é certo desprezo em sua atitude para com as mulheres..." (FREUD, 1974, v. XXI, p. 265). Por outro lado, "ela, a mulher, reconhece também a superioridade do homem e sua própria inferioridade..." (Ibidem, p. 264). A menina, então, "aferra-se à esperança de conseguir um pênis em alguma ocasião... e a fantasia de ser um homem frequentemente persiste como fator formativo por longos períodos..." (Idem).

O homem despreza a mulher, ela reconhece a superioridade dele e, em seguida, sente-se masculina. Ou a menina inveja o pênis ou ela passa a tê-lo imaginariamente. A vagina, não tendo sua inscrição no inconsciente, determina o desejo de ter o órgão masculino por excelência e a realização fantasística de possuí-lo acontece. O que quero colocar em pauta agora é uma pergunta sobre a determinação de um desejo feminino que se produz pela via de uma hiperdeterminação masculina. Quem não tem nada vai querer o *hiper pênis*, isto é, o órgão exacerbado do outro, hipertrofiado e dotado de hiperfuncionalidade agressivamente colonizadora?

A Psicanálise era a filha dileta de Freud, uma filha máscula.

Se Freud postula a existência de três masoquismos – *erógeno, moral* e *feminino* –, a indagação que surge de imediato é: não está faltando o conceito de *sadismo moral*?

Que eu beba no reino do meu pai, configura o protótipo inexorável do discurso freudiano. Eis o traço religioso da sua invenção. Ciência, ou nova religiosidade em nome do Pai? A religião é máscula? Quem disser que a religião tem clara definição de gênero corre o risco de ser condenado à fogueira. Dizer que a Psicanálise é máscula não incomoda a nenhum cidadão do planeta. Mas não é necessário ser um sábio para saber que ninguém *bebe* no reino do pai; nossa oralidade habita o reino da mãe. Ponto.

Que fique claro: não estou falando sobre o tamanho do pênis, ainda que esse tema permaneça presente em nossos tempos *evoluídos* e modernos. Trata-se de um juízo de valor, uma hipertrofia e uma superdeterminação nascida de um horror ao *vazio* do feminino. O homem precisa se defender, é imperioso, fundamental estar protegido, ser forte, *ter o sexo forte.*

A hipertrofia peniana ultrapassa em muito os limites de suas funções, de seu valor de uso. Resta ao homem mostrar sua arma, seu sabre mais real do que o real e mais sexual do que o sexo. E tal simulação tem seus efeitos nas teorizações do mundo material; Freud acreditava em seu super herói: o pênis.

O erro de Freud está em determinar como *inconsciente* o desejo de possuir todas as fêmeas da família. Como objeto do homem, elas *pertencem* exclusivamente ao macho dominador: "A vida nos dias de hoje conserva o suficiente desta atitude; no inconsciente, esses desejos ancestrais permanecem com toda a sua força" (APPIGNANESI; FORRESTER, 2010, p. 48). Tais desejos não eram "ancestrais". Eles eram plenamente *conscientes* nos homens vitorianos, assim como no próprio Freud. Ele sempre soube acerca de sua vontade de domínio autoritário sobre todos os membros de seu grupo doméstico, principalmente sobre o destino de suas filhas.

À mulher só resta "tecer e trançar" e ser "dolorosamente espancada" pelo corpo teórico da Psicanálise. Mais: ela deseja sê-lo. Destituí-la de sua vagina e anestesiar seu clitóris não seria mutilá-la conceitualmente? Voltaremos a isto.

Se todos esses roteiros fazem parte de uma escalada fantasmática, é porque estamos falando do pai e da mãe nas teorias sexuais infantis. Que pai é esse, vitoriano, sobre o qual Freud fundamentou suas teses edipianas?

No século XIX, o chicote e a palmatória eram os instrumentos pedagógicos mais utilizados na educação das crianças. Mais violenta do que a violência, a educação pelo açoite produzia em nossos antepassados recentes a forma caricatural do terror moderno. Pais e professores batiam nas crianças sem qualquer piedade ou hesitação e com muito prazer. Alguns mestres se apiedavam de si para afirmar diante de seu gesto sádico: "Dói mais em mim do que em você". Todavia, ser espancado deixará você virilmente fortalecido.

Quando nada tem sentido tudo funciona bem, e, como num sonho surreal ou insensato, tudo caminha a contento. Quando o sadismo não remete à criminalidade não se procura responsabilidades; todos, inclusive as crianças e mulheres, adaptam-se aos sistemas e às prescrições oficiais. No espaço doméstico, as mães seguiam o chefe e também espancavam seus filhos. No momento em que meia dúzia de protestos intervinham no corpo social, o Estado gritava com o argumento de que os castigos corporais eram autorizados "sob restrições adequadas". Tal como acontece em Guantánamo. Eis uma das humanidades do homem, dentre outras.

A violência sistemática e organizada era preventiva. E quem dita e manipula a prevenção, a profilaxia no regime interindividual? Quem senão o nosso velho e conhecido *super Pênis*, o chicote ou a vara!

Havia medo por parte dos adultos! Medo de que o pequeno transgressor juvenil se transformasse num criminoso perverso. Sim, era questão de segurança pública. Os desejos selvagens habitavam as mulheres e as crianças, jamais os pais e os mestres másculos; diante de seus temores, a pancadaria se justificava para manter vivo o nobre ideal de virilidade e, simultaneamente, evitar a futura selvageria social.

A crueldade máscula na ordem das coisas encantava a todos, era aprovada e instrumentalizada pelo corpo social, seus líderes e mandatários. Lembremo-nos de que além do nascimento biológico, temos um nascimento sociocultural que nos forma, educa, ensina e nos aponta valores simbólicos. Nesse segundo nascimento, nos tempos vitorianos, não há somente a promoção de um submundo sádico, inconsciente, mas sim a de uma realidade material num mundo real cuja ética é manifestamente covarde e moralmente viril. Sabres, palmatórias, chicotes e salguinolência são símbolos fortíssimos produzindo linguagem paradoxal, uma vez que tal discurso pretendia, com tais signos, educar para o amor, para o bem ou para a justiça. Contudo, amor e hemorragia eram o par perfeito nos tempos de Freud.

Freud acertou quando viu esse filme de agressão e violência rodar no romance familiar. Claro está que o sadismo público se presentificava também no mundo privado e doméstico. O sadismo oral e anal se evidencia precocemente, no bebê de colo, mas é nos adultos que tal liguagem se mostra aberta e manifesta. Não há nada de inconsciente nas cenas descritas acima. Se o mundo privado é uma batalha, o másculo do masculino jamais se permitirá perder a guerra. Mesmo que para isso tenha que submeter a mulher e a prole por meio da agressão física ou da dominação inconteste.

A vigilância fálica, profilaticamente, surrava a todos. A educação com energia e o patriarcado macho não se vergavam aos princípios humanísticos "mal compreendidos" que poderiam produzir a decadência moral. A masculinidade demanda medidas másculas.

Eis o pai do Édipo freudiano, sua territorialidade e sua época. Ele o descreveu com todas as letras em *Totem e tabu*. O pai totalitarista, do gozo fálico, possuidor de todas as mulheres da horda, despótico, possessivo, em suma, como Freud, um líder tirânico no amor e no desejo de domínio absoluto.

Lacan também vai dizer que quando "o seio e o leite se transformam, posteriormente, quer em esperma, quer no pênis" (LACAN, p. 263), o objeto feminino *confusional* é significado do nada, desde sempre, assim como o grito é fundador do silêncio, e não o silêncio anterior ao grito.

O super Pênis concebe a moeda certa, o valor adequado, a metáfora medida para salvar a humanidade do caos feminino. Soldado do passo certo, é o pênis que nos priva daquilo que é caprichoso e "essencialmente confuso" (Ibidem, p. 268), a mulher.

Não foi Deus quem criou a mulher, foi o Falo. Ou teria sido o seu sadismo? O sadismo adulto, do cuidador, produz, no sujeito que é cuidado, o masoquimo infantil? Na sociedade onde Freud nasceu, viveu e forjou suas teses, as coisas perdiam sua determinação crítica e tudo se exacerbava atrás do elétrico *super Pênis*. O comportamento normal era terrorista, a teoria pedagógica normal era mutiladora, violenta e generalizada.

Aceitemos, pois, que a mulher seja presa e predadora universal. Temos que tomar posse do objeto e dominá-lo. Mas ela continuará, no fundo de tudo isso, perfeitamente sedutora e inalienável. A mulher, no mais profundo de seu ser, sempre nutriu absoluta indiferença para com o másculo do masculino.

Neste nosso terceiro milênio ficamos curados? Cessou nossa violência obscena diante do feminino? Nada disso! Ela, a mulher, a muda, a mudez mortífera do furo agora fala e não só se defende, mas também sabe atacar. E para tal não necessita do pênis, menos ainda do super Pênis.

Ela não aceita mais essa chantagem "civilizadora" e máscula, não é mais a refém casamenteira, parideira, *poedeira*, como disse certa vez Jacques Lacan. Hoje, o conjunto societário rodopia, e a mulher, para procriar, nem precisa mais do homem. Os bancos de sêmem vieram para ficar.

Indubitavelmente, Lacan deu um passo de gigante quando falou do exclusivo gozo feminino, diferente do gozo fálico. Cada um goza de seu lado. Só posso dominar o outro se possuir o seu prazer. A mulher vai continuar nos seduzindo até o final dos tempos, pois ela tem *dois* órgãos sexuais, a vagina e o clitóris, e ambos *plenamente significados*. Como nós, a metade masculina da humanidade, não conhecemos esses *prazeres*, a possessão não existe. Ao homem, um consolo: o duelo de sabres!

Doravante, o homem é contingente e está virando *nada*. Daqui a pouco aparecerá por aí um psicanalista para nomear tudo isso de "protesto viril".

Se considerarmos que daqui a alguns anos quatro em cada cinco mulheres serão estupradas, protesto de quem?

5

Homicídios e estupros

SUL DOS ESTADOS UNIDOS DA AMÉRICA, ano de 1926. Numa fazenda texana, uma centena de negros, homens, mulheres e crianças colhem algodão com suas mãos calejadas sob um sol a pino. Um jovem branco surge caminhando no meio do algodoal. Deve ter vinte e poucos anos de idade. Sua fala dirige-se a um negro que trabalha ajoelhado junto a seu filho de seis anos. "Quero falar com sua mulher", o branco diz ao negro, que aponta em direção à esposa a poucos metros dali. Há tensão no ar, além do suor e da angústia. A um sinal do rapaz branco a negra o acompanha até um estábulo, mobiliário comum nessas plantações. Ali, o patrão, talvez o filho do patrão, a estupra e sai da construção ainda abotoando as calças. Os negros se entreolham, paralisados, e um deles dirige-se ao marido da violentada com olhar de interrogação e cobrança. Completamente aterrorizado ele interpela o rapaz estuprador mais com os olhos do que com palavras. Talvez tenha balbuciado uma ou duas. Com expressão de ira o jovem vocifera sua indignação pela ousadia do interpelador, puxa um revólver de seu coldre e o mata com um tiro na testa.

Assim se inicia o filme *O mordomo da Casa Branca*, estrelado por Forest Whitaker e Oprah Winfrey, dirigido por Lee Daniels (EUA, 2013).

A mulher não é objeto de manipulação. Não pode ser liberada, tampouco quer sê-lo. Seu silêncio misterioso a deixa ali mesmo, em seu lugar de mistério. Mas não há mistério para elas mesmas, elas se conhecem integralmente em seus hímens significados e se aborrecem com seus homens autoritários.

É vil qualquer política ou técnica que as faça falar do seu segredo. Solicitá-las é investir nelas. Abissais, todo mundo tenta seduzi-las. Ninguém aguenta, um homem menos ainda, ficar o tempo todo no lado do seduzido, lado frágil, posto que o seduzido seja um paralisado amorfo submetido a soberania *supostamente* passiva. É necessária muita atividade para ser passivo como elas. Quando quer, o feminino neutraliza toda a cena. Elas sabem assistir com um sorriso irônico a patética parada masculina, seu duelo de sabres por entre másculos militarismos e toscos machismos.

O termo *machismo* não existia na época em que Freud nasceu. Era meramente a sua cultura oficial, a norma e a regra.

Um ideal totalitarista pode matar quem quer que seja. Posso usar um poder de morte sobre o corpo social e sobre o corpo físico de indivíduos reais destituídos de sua condição de sujeito. É um sonho que está na base da aterradora vontade de poder. Matamos objetos inferiores. E são inferiores porque assim os vejo. E assim os vejo porque eles, os objetos, representam para mim virtual ameaça de morte. Morte de meu ego macho. Eu crio a criatura, meu *Frankeinstein*; minha criação me persegue e aterroriza.

Para Freud, a mulher representa também o retorno ao inanimado, a Mãe Terra que nos recolherá à morte. Tal pensamento é um estertor filosófico que tenta ajustá-lo ao feminino que tanto o seduzia e atormentava. Os intelectuais, os donos das teorias e dos desejos, filósofos e psicanalistas, estão de prontidão para estabelecer o feminino como uma espécie de monstro antimetafísico.

Peter Gay relata em seu livro: o pai tinha o direito de surrar a esposa e os filhos; os patrões, seus empregados; os mestres, seus pupilos; os proprietários de terras, seus servos. Tudo devidamente legislado pelo código constitucional prussiano de 1794. "Os professores de religião açoitavam com mais frequência e com mais violência do que os professores de matérias seculares" (GAY, p. 194). Em nome do pai do Édipo, evidentemente. Esposas, crianças, servos e pupilos, objetos *rudes e selvagens*, posto que objetos do falo soberano.

Nada a fazer: a mulher desaparece no horizonte do sujeito másculo. O que o homem não sabe é que seu domínio é apenas imaginário. Ele vê nela o que sua fantasia quer ver. A mulher hipotética, inacessível, objeto vazio do macho, expressa a alienação do próprio homem no império do equívoco e do erro. Não foi diferente com Freud e sua técnica.

Freud, apesar de ter escrito abrangente ensaio sobre *O Mal estar na civilização*, não conseguiu enxergar, como nos dias de hoje podemos perceber, o poder irrestrito e irracional que os homens de seu tempo detinham sobre as mulheres. Ele olhou pra trás: "As obscuras informações pelas mitologias e pelas lendas das *eras primitivas* da sociedade humana fornecem-nos uma imagem desagradável do poder despótico do pai e da crueldade com que ele a *usava*" (FREUD, 1974, p. 283). O despotismo paterno fazia parte de um *passado lendário*, remoto e primitivo?

Ele mesmo percebeu seu fracasso e se decepcionou frente a seu insucesso como autoridade absoluta diante de suas pacientes. Quando sua *histérica* não aceitava suas interpretações numa sessão terapêutica, ele considerava tal contrariedade na categoria conceitual de *resistência inconsciente.* Não lhe era franqueado ver nisso mera *discordância*; no fundo de seu ser a paciente não aceitava *qualquer* autoridade imperialística sobre seus devaneios mais secretos. Se na vida pública elas se adaptavam ao modo bárbaro e másculo instalado na sociedade e na cultura, na intimidade do tratamento analítico elas se permitiam externar suas *verdades*, seu repúdio pelo autoritarismo viril. Aquela que rebatia sua interpretação era "tola", isto é, deveria ser "mais sensata" (Ibidem, p. 145), nutrida com a docilidade necessária para aceitar sua *cura.*

A real defesa, ou *resistência*, dava-se contra uma *cura pelo amor* de transferência, na qual o amante sempre esteve na posição simbólica de sádico social/moral. Freud, afinal de contas, era um *Herr Professor*, uma autoridade, um macho sábio. O manipulador que almeja cumplicidade do manipulado não vê que é impossível levar um objeto a revelar sua verdade para o próprio bem. Se ele não compreende a pergunta, se não responde ou se ele próprio faz perguntas, há uma *inadaptação ao dispositivo analítico.* Não é sem motivo que três dos principais e mais comuns sintomas histéricos eram o medo, o nojo e a repugnância pelo ato sexual com um homem.

Vendo a si mesmo como um Aníbal do saber psiquiátrico de sua época, era impossivel para Freud, conquistador austero, enxergar *antes* a brutalidade do macho, incluindo aí a sua masculinidade simbólica, para *depois* explicar a histeria feminina. O manipulador vai sempre subestimar o seu objeto.

Para Freud era mais pertinente falar de violência *cultural*, como se os hábitos e as leis da *kultur* não fosse invenções *exclusivamente* masculinas.

Do amor é possível dizer tudo, principalmente quando não temos ou não sabemos o que dizer. A palavra amor sempre foi e continua sendo panaceia para tudo. Se amar, tudo está perdoado. Faço dele um gás que, mais leve do que o ar, possa penetrar em tudo, numa harmonia apaixonada, numa convivência virtual ou mesmo numa resposta ideal para qualquer questão enigmática ou desafiadora. Universal, é também pelo psicanalítico amor transferencial positivo, *dócil*, que Freud inventou uma forma de salvação sentimental.

É verdade, o amor se complica com o jogo de palavras, de sílabas mal postas, artificiais, que tentam escalar a linguagem humana aos tropeções e infinitas derrapagens que só fazem acumular enigmas e idealizar finalidades sublimes.

Freud era dado a truques mentais fundamentados em suas intuições. Ele cunhou o termo "construções em análise" para designar cenas e fatos que jamais são rememorados pelo seu *neurótico*. Num tratamento psicanalítico, as rememorações verbalizadas pelos pacientes vão sendo encadeadas e encaixadas como peças de um quebra-cabeça. Um roteiro fantasmático vai se evidenciando, assim como toda outra história oculta do sujeito, isto é, outra historização decifrada do inconsciente.

Num dado momento do trabalho, o quebra-cabeça é montado pela escrita dos capítulos que emergem de memórias até então esquecidas. Todavia, comumente acontece que falta uma peça. O filme está incompleto. Houve um problema com o projetor.

Sim, o filme está incompleto, há uma cena faltante. Algo não faz sentido! É aí que Freud "constrói" o elo não evocado durante o trabalho analítico. O próprio psicanalista é aquele que "vê", que "sabe" qual o fragmento a ser inserido para arrolhar o buraco e preencher o vazio da trama. Trata-se de construção lógica, não de produto das sessões reais, nem das rememorações efetivas narradas pelo paciente. É ficção teórica.

Se a *histérica* não concordar com tal *construção*, ela é uma tola que resiste. Está fazendo mal uso de seu passivo *masoquismo feminino*.

O Cinema e a Literatura produziram centenas de textos sobre a violência contra mulheres e crianças. A Psicanálise também. Em 1919 Freud vai produzir belíssimo ensaio sobre o tema: *Bate-se numa criança*. É interessante escrito sobre o amor do século XIX.

O paciente fala, na sessão clínica, que a ideia e a imagem de uma criança espancada lhe excitam sexualmente. É uma clara perversão sexual. Freud vê na frase "bate-se numa criança" uma estrutura gramatical com os seguintes significados ocultos: *o pai bate numa criança que eu detesto e eu sou espancado pelo pai.* Essas duas sentenças não são faladas ou evocadas pelo paciente, são inferências e construções lógicas de Freud. O prazer está ligado ao desejo de amar e ser amado pelo pai. É o complexo de Édipo em sua versão masoquista. Amor, prazer e dor se conjugam.

Freud era um escritor extraordinário. Já idoso, em 1930, ganhou o prêmio Goethe de Literatura. Nesse seu ensaio romanesco é ele quem insere especulativamente o pai na cena sádica. Por alguma razão que vamos delinear em seguida, seu estudo vê mulheres sendo espancadas. Resumindo, um pai surra uma filha. O pai e a filha são construções freudianas, de Freud, isto é, são protagonistas que Freud insere na cena.

Estamos em plena ação de uma dinâmica incestuosa, de gozo com dor. O sujeito voluptuoso que fantasia tal cena não é o agente espancador, nem o objeto espancado. É uma filha que goza nesse momento privilegiado da dialética edipiana. O paciente que relata tal fantasia é tomado de intensa angústia e vergonha ao relatar seu desejo a Freud; ele se masturba quando imagina esse cenário perverso.

Se o pai é colocado como espancador, isto só confirma a verdade verdadeira do complexo de Édipo. Mas não é o paciente que diz explicitamente que é o pai quem bate. É Freud quem afirma isso. Também não é o paciente que, na sessão analítica, é exclusivista em relação às *filhas*.

O extraordinário reside no fato de o *Herr Professor* não mencionar em nenhum momento que as crianças de sua época eram educadas com chicotes e palmatórias. Já vimos como o sadismo social e moral era praticado em larga escala. Outra coisa: qual a razão de ser uma filha, e não um filho, a criança agredida? Resposta: o masoquismo é essencialmente feminino. Toda mulher gosta de apanhar, mas, notem bem, Nelson Rodrigues, como dramaturgo, ainda usava fraldas em 1919.

Freud: "Tanto no menino como na menina, a fantasia de apanhar corresponde a uma atitude feminina, ou seja, a uma permanência na linha feminina..." (FREUD, 2010, p. 326).

Nessa época demonstrava-se amorosidade pela via do ódio e da fustigação dolorosa para com o objeto amado. É fácil entender a razão pela qual as crianças, meninos e meninas, masturbavam-se fantasiando serem amados e, simultaneamente, espancados. Esse era o discurso oficial do século XIX.

É fácil, também, enxergar porque Freud deduz, ele mesmo, o que *não* é rememorado na sessão clínica, mas afirmado como verdade teórica; a ficção conceitual é fruto de uma vontade do próprio teorizador. São as *filhas* os objetos que gozam ao serem surradas pelo pai, e este é um desejo de Freud e da própria sociedade em que vivia. Repetindo: o manipulador vai sempre subestimar seu objeto.

A cena do filme *O mordomo da Casa Branca*, descrita no início deste capítulo, representa a moral de uma época. Era assim que o mundo funcionava. Os crimes sexuais contras as mulheres eram rotineiros; a agressão é sexualizada e a sexualidade é transformada em agressão. A sociedade vitoriana enganava e mentia para si mesma ao afirmar que os homens rudes e sem instrução batiam em mulheres. As estatísticas desmentem tal autoabsolvição ao mostrar os fatos. Entre 1837 e 1901, precisamente nos anos de reinado da rainha Vitória, dos 480 homicidas executados na Inglaterra, 127 eram homens que haviam matado suas esposas, enquanto 30 tinham matado suas amantes.

Dentre esses criminosos não havia apenas e tão somente trabalhadores rudes e da classe baixa. Alguns deles eram médicos. Mais difícil de documentar eram os estupros. Conhecemos os temores das mulheres em testemunhar publicamente contra seu agressor. Era problemático estabelecer a culpa do estuprador. Não é nada fácil para uma mulher arruinar sua reputação ou expor-se a comentários torpes.

Apesar da severidade das leis para com tais crimes hediondos, na era vitoriana juízes e jurados eram todos homens. E eles *sabiam* que as mulheres eram provocadoras, exploradoras e embusteiras, fingiam dizer não, querendo dizer sim. Nada bom para elas. Muitos crimes permaneciam sem solução. Os ricos abusavam das empregadas em casa, de funcionárias no escritório, de trabalhadoras nas fábricas. A burguesia e a aristocracia do século XIX, em matéria de mulher, tinham a mesma mentalidade de Freud. Sua clientela provinha desse meio.

Em 17 de janeiro de 1897, Freud escreve para seu amigo Fliess: "Por que é que as confissões delas [das possuídas pelo demônio], mediante tortura, são tão semelhantes às comunicações feitas por meus pacientes em tratamento psíquico?" (MF, p. 223). Freud inquisidor?

Não estou afirmando que Freud tratava de criminosos, homicidas e estupradores. Só estou contornando a agressividade no social, seus protagonistas, suas mentalidades e delineando pistas para suas fantasias inconscientes tão análogas às posições de poder que a burguesia desfrutava sobre o jogo sexual.

Resta saber se as crianças e as mulheres, caso *não* fossem *efetivamente* surradas, espancadas, vilipendiadas e depreciadas *pelas autoridades e pela classe dominante vigente*, continuariam a ter as mesmas fantasias sadomasoquistas ditas primárias. Quer dizer, se o filho ou a filha fosse amado com cuidado e ternura na realidade concreta de sua vida, o material prático e teórico de Freud seria idêntico?

Outro aspecto a considerar é a hipocrisia entre as classes dominantes no que se referia às práticas que, nos salões e lares burgueses, eram consideradas *paixões imundas*. O pudor entre a classe média acompanhava a ordem religiosa, política e moral. Os desvios dessa categoria entravam na contabilidade dos "estatísticos morais" que afirmavam a incidência dos crimes sexuais como delito predominante entre os analfabetos.

No casamento burguês, o sexo era verdadeiro desastre. Tudo conspirava contra o sexo conjugal: a ignorância sobre a sexualidade saudável, o moralismo galopante e a hipocrisia cultural. Não havia qualquer anticonceptivo e o coito interrompido era prática rotineira. Era absolutamente comum e usual o sexo fora do casamento formal.

A moral sexual *civilizada*, estimulando a pancadaria, desestimulava o sexo *perverso* entre os cônjuges. Segundo Freud, diante de tal cenário a neurose de angústia sobrevinha, era inexorável. Até porque não é para qualquer um sublimar o sexo, como ele mesmo o fez, desviando sua libido para seu trabalho científico e para o desejo de conhecimento. Aos 38 anos de idade, Freud já começara a desistir do sexo com Martha, sua esposa. Em 1910, aos 54 anos, ele comenta com Jung sobre seu "crepúsculo erótico" (Ibidem, p. 104).

Freud jamais teve sequer *uma* experiência sexual real, com uma mulher livre, "selvagem", perversa polimorfa, sexualmente normal, não higiênica em termos do higienismo moral de sua formação ortodoxa, conservadora e hipócrita. Não estou dizendo que ele foi um hipócrita, só estou afirmando que a hipocrisia de seu tempo contaminou seu "saber" sobre o princípio feminino.

Bate-se numa criança é um ensaio de época e configura não só fantasias inconscientes. Sob o teto doméstico, esse tipo de violação era comum. Ainda Peter Gay: "Um conjunto de estatísticas oficiais não deixa dúvida que o abuso sexual das crianças era muito mais frequente do que de mulheres, e que os números, bem como as proporções, pioravam cada vez mais" (GAY, p. 208).

A virulência das fantasias originárias, muito precoces, infantis, indubitavelmente possui suas raízes nos primeiros cuidados parentais. Mas as perversões e as perversidades culturais mostram que ou o sadismo moral de toda uma cultura nos torna a todos estupradores respeitáveis, ou os estupradores respeitáveis que somos continuarão dominando a cena social e vida que segue.

6

A mulher como ser deformado

EM SEU TEXTO *Sobre o narcisismo*, Freud nos fala sobre três agentes de censura personificando as vozes éticas e morais nas figurações de uma consciência normal: os educadores, os professores e a "opinião pública" (FREUD, 1974, v. XIV, p. 102). Nossas ações são "vigiadas e supervisionadas" (Idem). Ele nos diz que tal poder, que vigia, existe realmente, e a vigilância externa se torna também interna, como parte de nosso aparelho psíquico. Todos nós possuímos censuras internas, e é normal o conflito entre estas e nossos desejos.

A severidade dos educadores e professores, incluindo as brutalidades já descritas, influenciam decisivamente a opinião pública a favor de tais sevícias, e Freud era um dos grandes formadores de opinião de seu tempo. E, já vimos, ele postulava a inferioridade do órgão genital feminino.

Comentando o ensaio *Bate-se numa criança*, referido no capítulo anterior, Lacan vai considerar que é no nível do pai que, segundo Freud, situa-se a sua significação. "Embora essa fantasia seja primitiva", diz o mestre francês, "é por haver uma denúncia da relação de amor e humilhação que este sujeito é visado em sua existência" (LACAN, p. 245). "Ele é objeto de uma sevícia" (Idem) que consiste em negá-lo como sujeito, "em reduzir a nada sua existência de desejante, reduzindo-o a um estado que tende a aboli-lo como sujeito" (Idem).

O detalhe gritante é: a fantasia primitiva jamais foi *fantasia*, era denúncia, sim, em face de uma prática social corriqueira. Amor, humilhação, sevícia e destituição do sujeito em sua existência desejante configuram o modelo de uma cultura e de uma ética fálicas absolutamente prevalentes no discurso do cotidiano durante o referido período vitoriano. Os alvos permanentes do domínio e das sevícias eram as mulheres e as crianças.

Minha hipótese considera tais mitos depreciativos sobre a mulher, presentes inclusive nas *verdades da opinião pública*, como hostilidade e humilhação contra a sexualidade feminina. E considera também tal hostilidade como defesa do homem, dominador e formador de opinião, contra uma ameaça que o sexo da mulher representa para a sua vontade de virilidade.

Lacan deixa bem claro que "a mãe é primordialmente toda poderosa" (LACAN, p. 189), isto é, a onipotência primária é feminina, e é contra ela que o homem luta.

Caminhemos passo a passo. Primeiro: qual a razão desse temor diante do que *quer a mulher*, do seu desejo? A tese de Freud distingue a mulher como objeto cruel precisamente pelo seu complexo de inferioridade. O que ele jamais percebeu foi que esse complexo sempre foi produto do conflito entre as ideias prevalentes de toda uma cultura fálica *contra* as pulsões sexuais *normais* das mulheres *normalíssimas*. A questão era só uma: rebaixar sua sexualidade pelo fato de ela ser feminina em si, como tal. Em resumo: se a crueldade *dela* se deve à sua inferioridade, e se sua inferioridade se deve à ideia prevalente do homem sobre ela, quem afinal é o responsável pela crueldade dela senão a fantasia masculina? Se a essência do feminino já nasce *menor*, qual a razão da supervalorização exibicionista do macho com seu hiper Pênis?

Voltemos a Freud: "A idealização é um processo que diz repeito ao *objeto* [grifo do autor]; por ela, esse objeto, sem qualquer alteração em sua natureza, é engrandecido e exaltado na mente do indivíduo... Por exemplo, a supervalorização de um objeto sexual é uma idealização do mesmo" (FREUD, 1974, p. 101). A idealização narcísica do homem sobre si mesmo só é possível reduzindo o outro sexo a um *nada*. Mas como esse nada, esse vazio, torna-se cruel? Exatamente por ser inferior ao *tudo peniano* que determina o masculino! Quem é menos odeia quem é mais. Quem é nada quer matar quem é tudo.

Uma menina que vem ao mundo já nasce estigmatizada, marcada a ferro e fogo pela *ausência do pênis*. Sua autoestima está fadada a seguir tal destino e seu ego carregará para sempre esse esmagamento mutilante que a impedirá de gozar inclusive dos frívolos prazeres de seu tempo. Ruim para ela, em sua deformidade congênita.

Freud se apropria de um texto de Shakespeare, *Ricardo III*, para demonstrar o sofrimento feminino em face de sua deformação:

"No monólogo inicial de *Ricardo III*, Gloucester, que depois vem a ser rei, diz; 'Mas eu, que não fui talhado para atividades esportivas, nem para cortejar um espelho amoroso; que, grosseiramente feito e sem a majestade do amor para pavonear-me diante de uma ninfa de lascivos meneios; eu, privado desta bela proporção, desprovido de todo encanto pela pérfida natureza; disforme, inacabado, enviado por ela antes do tempo para este mundo dos vivos; terminado pela metade e isso tão imperfeitamente e fora de moda que os cães ladram para mim quando paro perto deles'" (FREUD, 1974, v. XIV, p. 328).

Freud subentende na fala de Gloucester: "Como não posso desempenhar o papel de amante por causa de minha deformidade, serei o vilão, assassinarei e farei tudo o que quiser" (Idem). Mais: "A natureza me causou um doloroso mal ao negar-me a beleza das formas que conquista o amor humano" (Idem). Aqui Freud é taxativo: é a natureza o agente deformador.

O mestre vienense pondera que todos nós temos motivos para culpar a "Natureza por nossas desvantagens congênitas e infantis" (Ibidem, p. 329). E assim ele termina seu breve artigo: "Antes de deixarmos as 'exceções', contudo, podemos ressaltar que a reinvidicação *das mulheres* [grifo meu] a privilégios e à isenção de importunidades da vida repousa na mesma base. Conforme aprendemos pelo trabalho psicanalítico, as mulheres se consideram como tendo sido prejudicadas na infância, como tendo sido imerecidamente privadas de algo e injustamente tratadas; e a amargura de tantas filhas contra suas mães provém, em última análise, da censura contra estas por as terem trazido ao mundo como mulheres e não como homens" (Idem).

A sentença foi mal formulada: as mulheres, nessa época, não se *consideravam prejudicadas* e *injustamente tratadas*, elas *eram* prejudicadas e injustamente tratadas na realidade material do mundo. Sob o olhar do psicanalista, a mulher foi agraciada por Deus com uma *desvantagem congênita*!

Ou seja, como Gloucester, *privadas dessa bela proporção, inacabada, terminada pela metade, como exceções disformes, assassinará e fará tudo o que quiser*. E não é Freud, nem a opinião pública quem as faz *tão imperfeitamente*, é a Natureza, ou Deus. Ele só constata, descreve e teoriza o que já é dado *a priori*. Assim, elas dizem: "Tenho o direito de ser uma exceção, desprezar os escrúpulos pelos quais outros se deixam tolher" (Idem). Inescrupulosas, posto que defeituosas, elas podem a tudo se permitir. Temos ou não que temê-las? Suas ações têm, sim, que ser vigiadas e supervisionadas.

A Psicanálise foi inventada por um cidadão europeu. Nessa época o velho mundo era estuário de progresso e civilização. Assim a Europa via a si mesma. De tão megalomaníacos, acreditavam que jamais a humanidade entraria em novas guerras e carnificinas. E, caso entrasse, seria uma guerra ética. É Freud quem postula essa alucinose. Não sabemos se esse delírio é do próprio inventor da Psicanálise ou de toda a sociedade europeia. A Primeira Guerra Mundial havia eclodido.

Chega a ser pungente o que ele escreve em 1915, num texto intitulado *Reflexões para os tempos de guerra e morte*, sobre a maneira pela qual as grandes "nações de raça branca"

(Ibidem, 286), dominadoras do mundo, criaram e usufruíam dos avanços técnicos, científicos e artísticos.

É com imenso lirismo poético que nosso herói descreve como tais nações galgaram os ditames de elevados padrões morais no sentido de, inclusive, solucionar incompreensões e conflitos de interesses. No solo da existência, a Europa já plantara a semente da respeitabilidade e da tolerância entre os homens de boa vontade. Até mesmo os "outros povos impopulares" (Idem) haviam se rendido aos monumentos éticos e progressistas do velho mundo; eles "haviam sido admitidos" (Idem) na fulgurante sociedade das grandes nações que já erradicara de seu dicionário até mesmo palavras como "estrangeiro" e "inimigo". O século XX se tornara a era das grandes imigrações em massa.

Já referi anteriormente, seu estilo literário é belíssimo. Convido o leitor a mergulhar nesse ensaio e beber de sua poesia. Eis um pálido exemplo de sua verve:

"Dessa forma, ele [o estrangeiro] desfrutara do mar azul e cinzento; a beleza das montanhas cobertas de neve e de campinas verdejantes; a magia das florestas setentrionais e o esplendor da vegetação do sul; o estado de espírito evocado pelas paisagens que relembram grandes eventos históricos, e o silêncio da natureza intocada. Para ele, essa nova pátria era também um museu, repleto de todos os tesouros que os artistas da humanidade civilizada haviam criado durante séculos sucessivos e deixado atrás de si" (Ibidem, p. 287).

Diante desse panorama a guerra ocorre, fratricida e cruel, devastadora e bárbara. Todos, e também Freud, estão atônitos e desiludidos. O doce deleite da vida está demolido! Freud se pergunta: Como? Por quê? Sim, a fruição daquela civilização esplendorosa havia cessado.

Com fervor beirando a experiência religiosa, *todos*, literalmente o mundo todo, extasiaram-se em favor da carnificina: aristocratas, burgueses, reacionários e liberais, operários e cientistas, romancistas e teólogos, poetas e historiadores, em suma, todos, dos analfabetos aos professores de ética, rejubilaram-se com o viril deus da guerra. Desnecessário dizer que foi exclusivamente a oligarquia patriarcal e máscula quem comandou o super Pênis nos ódios *construtivos* e nacionalistas vigentes no que fôra ilusório oásis europeu.

Não se tratava de mais um *round* entre estudantes babacas, não mais um jogo de mau gosto, mas um franco desejo de morte e carnificina entre as lideranças nacionais.

Mas o que mais surpreende no poema épico de Freud é seu tom ingênuo. Algo que ele jamais o foi. Não foi, mas também não deixava de sê-lo. Suas teses sobre o feminino o indicam. Se atentássemos apenas para esse texto perguntaríamos ao seu autor: que homem europeu é esse que não enxergava mulheres estupradas em seus *campos verdejantes* ou crianças seviciadas no *esplendor da vegetação do sul*? Seria tão difícil assim ver os duelos mutilantes por entre as suas *naturezas intocadas*, as espetaculares *florestas setentrionais*?

A cada esquina uma empregada doméstica era maltratada e em todas as salas de aula as crianças eram espancadas. Como crer nesse *Homo* europeu descrito por Freud? Como acreditar que ele faria uma *guerra* ética, onde feridos são respeitados, assim como toda a população civil, os não combatentes? Também deveriam ser poupadas e consideradas "as mulheres que não tomam parte nas atividades guerreiras e crianças de ambas as facções que, quando crescerem, devem tornar-se amigos e auxiliares mútuos" (Ibidem, p. 288). Se o que Freud enxergava não era real sequer em tempos de paz, como seria possível em tempos beligerantes haver tanta harmonia em torno das magníficas *montanhas nevadas e campinas verdejantes* da Europa?

É verdade que ele protestava contra a crueldade e a barbárie em tempos de guerra. Mas por qual motivo ela não denunciava abertamente a baixa moralidade dos "professores de ética" (Ibidem, p. 289) em tempos pacíficos? Ele sempre postulou que os instintos eróticos se transformam em sociais. Freudianamente falando, os duelistas do *Mensur* mutilavam-se eroticamente, apesar de a prática estúpida ser instituição socializada. Pela via freudiana as guerras seriam também patologias destrutivas perversas, isto é, fixações pulsionais mal resolvidas.

O que temos em pauta é a versão oficial daquilo que aceitamos como prática comum quando é o Estado quem decide os destinos do cidadão de carne e osso. Se em suas reflexões Freud afirma que, para chegarmos a um plano relativamente alto de moralidade, o "desenvolvimento consiste em erradicar as tendências humanas más", como fazê-lo surrando mulheres e crianças? Obedecemos às normas do Estado *contra* nossas próprias tendências instintivas, é o que nos diz o artigo do mestre vienense. Sim, ele afirma, há no ar elevado grau de *hipocrisia social.* "Trata-se de um ponto discutível saber se certo grau de *hipocrisia cultural* não é indispensável à manutenção da civilização" (Ibidem, p. 294).

Seria a versão de Freud sobre as deformações do feminino hipocrisia cultural? Seria *ponto discutível* saber se o espancamento de crianças e mulheres configuraria *mal necessário* à civilização vitoriana? Jamais o saberemos. Fato é que ele era um burguês radicalmente inserido nas "verdades" de seu tempo, e tais verdades contaminaram definitivamente muitos de seus pensamentos e conceitos.

Em *Criminosos em consequência de um sentimento de culpa*, as idiossincrasias teóricas do velho mestre vão longe; ele afirma que, "no tocante as crianças" (FREUD, 1974, v. XIV, p. 348), elas fazem travessuras para provocar o castigo. Elas desejam provar o castigo *real* e para tanto provocam as chibatadas *reais* pelo fato de se sentirem culpadas por seus *crimes*, suas *fantasias* incestuosas?

Encerro este capítulo no dia 25 de novembro de 2013, *Dia internacional da violência contra a mulher*. As estatísticas revelam dados macabros. A ONU [Organização das Nações Unidas] se pronuncia, a internet, televisões, jornais e revistas do mundo todo tornam visível nossa bizarra natureza. Voltarei a isso.

É o que vemos como fruto moderno das lideranças determinadas por Estados e nações dessa nossa melancólica "grande nação da raça branca".

7

Lógica imaginária: Freud com Einstein

FREUD ERA UM SUJEITO muito, mas muito imaginativo! Se não houvesse lógica na capacidade da imaginação, jamais haveria lógica na capacidade intelectiva apta a produzir conceitos. Quando faço uma síntese figurada em minha mente, isto é, quando vejo uma imagem mental *em mim*, todo o edifício do pensamento pensado com palavras repousa neste meu solo imaginário. Pretendo demonstrar isso neste capítulo.

Sem sensibilidade não há conceito. Sem imaginário não há teoria. Não haverá entendimento, nem abstração, nem reflexão sem a faculdade imaginária.

Destituído de seu temperamento rebelde e de sua prodigiosa capacidade imaginativa, Albert Einstein não teria sido o cientista que foi. Na biografia daquele que reinventou o cosmos com o estabelecimento de nova relacionalidade entre energia e massa, identificamos os elementos estruturais no chão de suas teses. São eles: criatividade, rebeldia, imaginação e desejo de liberdade. Freud com Einstein.

Uma das coisas que mais faz de Freud um gênio único foi o fato de ele se expor abertamente às críticas com absoluta serenidade. Em *A interpretação dos sonhos*, ele comenta sua vida, seus sonhos e seus devaneios mais íntimos com a tranquilidade do sábio que se sabe imperfeito e falho. Em suma, um *neurótico* como outro qualquer.

Durante toda a sua existência, o inventor da Psicanálise confessava abertamente não entender de mulheres. O feminino era para ele um "branco", melhor dizendo, um "continente negro" e enigmático. O que não o impedia de continuar falando bobagens atrás de bobagens sobre as mulheres; pura lógica imaginária.

Einstein só veio a falar depois de completar dois anos de idade. "Meus pais chegaram a consultar um médico, de tão preocupados que ficavam", disse ele certa vez. A família aqui e ali o chamava de "pateta" ou "retardado". Antes de falar uma frase, ele a sussurrava para si mesmo, como que testando o uso das palavras, para só então emiti-las em alto e bom som. Em depoimento, sua irmã mais nova declarou que "ele ficava testando uma frase em seus lábios até pronunciá-la efetivamente". E concluiu: "Ele tinha tanta dificuldade com a linguagem que todos nós chegamos a pensar que ele jamais aprenderia o que quer que fosse".

Einstein pensava "mastigando" as palavras.

Em sua vida adulta remanesceram traços desta dificuldade, e uma suave forma de ecolalia o fazia repetir uma ou outra frase para si mesmo, principalmente aquelas que o divertiam. Ele preferia pensar com imagens, nos diz Walter Isaacson, seu biógrafo. Uma declaração para nos deixar atônitos, vinda da boca do maior gênio da física de todos os tempos, daquele que ultrapassou Isaac Newton, solucionou problemas complicadíssimos sobre campos magnéticos e gravitacionais e reinventou o tempo e o espaço: "Era realmente raro eu pensar com palavras"!

Einstein era fascinado pela música de Mozart. Aprendera muito cedo a tocar violino e para ele a música não era um *hobby*, mas uma necessidade. Era comum, na calada da noite, alta madrugada, ele ficar na cozinha de sua casa interpretando passagens da obra de seu compositor preferido. Ali ele resolvia suas dificuldades teóricas. Foi no período de sua vida em que mais "brigava" com a teoria da relatividade que ele rotineiramente se utilizou das frases melodiosas de seu violino para ajudá-lo a pensar. Sim, pensar com sons e imagens! É Hans Albert, seu filho, que nos informa: "No meio de uma frase melódica ele exclamava 'Achei!'".

Desde muito cedo seu espírito já experimentava marcada aversão por dogmas e autoritarismos. Esse extraordinário pensador simplesmente não via nenhum sentido nos textos da *Bíblia Sagrada*, e a lógica das escrituras científicas era definitivamente prevalente em sua mente inquieta e desejosa de saberes. Tal temperamento trouxe-lhe alguma dificuldade como estudante do ensino médio.

Ele criticava com severidade o método pedagógico de sua escola em Munich. Seu desconforto não era pequeno: "O tom militar da escola, o treino sistemático em torno da veneração de uma autoridade que supostamente deveria condicionar os jovens a uma disciplina militar, tudo isso era particularmente desagradável". Essa glorificação militar/prussiana que leva os alunos a brincadeiras de guerras e soldados, paradas e marchas ao rufar de tambores produzia grande mal-estar no jovem Albert.

O ensino praticado no ginásio "parecia com os métodos do exército prussiano, onde numa disciplina mecânica se repetiam ordens sem sentido". Os professores eram vistos por ele como sargentos do exército. "Uma tola crença na autoridade é o maior inimigo da verdade", eis sua petição de princípio. Certamente Einstein diria do *Mensur*: uma rematada imbecilidade.

Que o leitor não se engane, não estamos descrevendo um rebelde sem causa! A causa aqui é integramente seu modo voluptuoso de pensar o pensamento científico. Ou seja, a invenção de um estilo, inclusive de pensar o pensamento conceitual de outro modo. Um de seus colaboradores próximos, Banesch Hoffmann afirma: "Se ele não suspeitasse da autoridade constituída não teria desenvolvido aquele poder de independência com a qual sua mente lhe deu a coragem de desafiar crenças científicas até então vigentes para poder revolucioná-las".

Como não podia deixar de acontecer, ele teve problemas com um de seus professores: devido à sua insolência, assim seu pai foi comunicado, ele não seria mais bem-vindo à escola. Quando Einstein protestou alegando que nada fizera, seu mestre contra-atacou: "Sim, é verdade, mas você senta lá no fundo da sala e fica sorrindo, tornando sua própria presença algo demolidor do respeito que a classe tem que ter por mim".

Fato é que nessa mesma época os negócios de seu pai sofreram grave revés empresarial e financeiro e a família teve que sair da Alemanha. Não se sabe ao certo se nosso herói foi "convidado" a se retirar do colégio ou se foi o baque empresarial que suscitou seu afastamento. Com sua família, ele instalou-se em Pavia, Itália.

Tendo decidido estudar por conta própria por breve período, produz, aos 16 anos, seu primeiro *paper*: *Sobre a investigação do estado do éter num campo magnético*. Com tal trabalho ele se candidata a uma vaga na Escola Politécnica de Zurich. É aprovado em Matemática e Ciências, mas reprovado em Francês, Linguagem, Literatura, Zoologia, Botânica e Política. O professor chefe da cadeira de Física da escola de Zurich, Heinrich Weber, sugere então que ele assista às aulas como ouvinte. Einstein opta por declinar do convite e resolve se preparar durante o período seguinte numa escola próxima, na cidadezinha de Araau. É um acaso momentoso.

Essa escola, fundada por Johann Heinrich Pestalozzi, emprega método pedagógico que consiste em encorajar os estudantes a visualizar imagens. Ela também se determina pelo postulado de, no ensino, respeitar a individualidade e a singularidade de cada aluno. Estes são estimulados a tirar conclusões próprias por meio de intuições a serem desenvolvidas em pensamentos conceituais, mas sempre pela via mestra da imagética visual. Desnecessário dizer o quanto isso, uma metodologia engendrada por caminhos do entendimento visual, encantou o jovem físico.

Einstein se apaixonou por Araau. As leis da Matemática e da Física eram também apreendidas por imagens. E o pensamento individual era valorizado e estimulado, fazendo com que os mestres fossem admirados por seu saber e não por sua autoridade. "O entendimento visual dos conceitos pela via deste ensino", dizia Pestalozzi, "pode levar o aprendizado da linguagem e números que estão sempre subordinados a este [ensino por meio do entendimento visual]".

Entendimento por visualização - *Gedankenexperiment* - tornou-se a via régia do pensamento de Einstein. Ele imaginava besouros cegos bidimensionais arrastando-se por um ramo de árvore curvo, via-se cavalgando um raio de luz, pessoas correndo atrás de uma onda de luz com a mesma velocidade desta, outras caindo numa câmara fechada no espaço sideral a velocidades intangíveis, a localização e a velocidade de elétrons corredores etc.

Ora, o que é um besouro cego bidimensional? Se esta coisa não está no mundo, isso só pode ser uma imagem ficcional produzida pelo imaginário da mente do sujeito que a pensou. Portanto, é uma ficção negativa, uma unidade do pensado extraida da cadeia de figuras que se acham fixadas na memória de Einstein. O que é espetacular aqui é a habilidade com que, de tais bizarrices mitológicas, ele, posteriormente, criaria conceitos rigorosíssimos. Por meio de tais imagens ele deduzia cálculos que combinavam palavras e números, que por sua vez produziam conceitos simbólicos significando coisas e fatos reais.

As imagens mentais remetem às palavras, que por sua vez remetem às imagens mentais. "Os sonhos pensam predominantemente por imagens" (FREUD, 1974, v. IV, p. 85), nos diz Freud n'*A interpretação dos sonhos*. Mas não somente por imagens; há palavras e diálogos nos sonhos. Os pensamentos pensam os conceitos por meio de palavras, mas não exclusivamente com elas; há imagens mentais contaminando a mais rigorosa teoria científica. A mente de Einstein o demonstrou.

Há *modos* de pensar o pensamento, maneiras de usar a linguagem. A. P. Tchekhov (1860-1904), escritor e teatrólogo russo, inventou em Literatura, com seus contos, o impressionismo sem subjetividade. Suas historietas são sem esperança e seus personagens produzem o doce estupor referente aos buracos da existência. É dele o seguinte enunciado sobre suas desconfianças em relação aos sistemas organizados de pensamento: "Nada de pensamento. As imagens vivas e verdadeiras criam pensamentos, e um pensamento jamais criará uma imagem". Como artista, era excelente cientista.

O que Freud pensou sobre a genitália feminina certamente foi construído sobre uma imagem bizarra, uma coisa fora do mundo. Um conto de Tchekhov. O períneo da mulher foi assaltado por um circuito energético esdrúxulo, pulsional, no qual o clitóris seria um pênis involuido e a vagina um órgão receptor, passivo e instrumento simbólico do masoquismo "receptivo" e procriador. Uma mulher torna-se fêmea somente após a inibição de seu prazer clitoridiano. Melhor dizendo: uma fêmea só se torna mulher civilizada quando seu clitóris é nocauteado pela repressão. Tal mapeamento delineia uma sexualidade demolida, uma terra arrasada a serviço da civilização vitoriana. Trata-se de gesto domesticador: retirar o investimento libidinoso do clitóris, desse pênis paleolítico, e anestesiá-lo em favor do *anjo doméstico evoluído*. Assim ele *via* o sexo feminino.

A imagem freudiana da vagina é o besouro cego bidimensional de seu criador. A teoria daí proveniente é moto contínuo discursivo, ficcional, digno de um surrealista pictográfico como Salvador Dali misturado com André Breton. Se Einstein, com seus monstrinhos imaginários, produziu a Física mais espetaculosa desde que o homem começou a fazer ciência, por seu lado Freud, com seus devaneios grotescos, criou a mais espetaculosa e preconceituosa psicologia sobre o feminino e seus avatares. Isso tem seus efeitos na realidade real nos dias de hoje? Minha opinião: sim, continuamos tão preconceituosos quanto Freud.

Ao lermos as teses desse pensador onírico sobre o feminino nesse louco balé genital, temos a impressão de que ele não está pensando, mas sim tendo uma *experiência* baseada na *autoridade* de seu ego. É muito mais uma narrativa sensorial e cultural próxima da realidade objetiva do mundo das crendices sociais, e muito menos uma materialidade teórica, lógica e científica, vinda da abstração intelectual rigorosa que tais temas exigem.

Lacan já afirmou que o complexo de Édipo é um sonho de Freud. Deveria ter dito o mesmo sobre a genitália feminina, sua imagem e funções, inventadas pelo mestre vienense; pela falta de vontade racional e de atenção rigorosas,

Freud criou o sexo da mulher como caleidoscópio onírico e inconsistente.

Não há neste livro uma só linha que não descreva como a sociedade se esmerava na *faxina sexual*: fêmeas, fora! Com o aval de Freud! As elites masculinas propagavam estilo de vida elegante, onde o sexo prescrito, revestido de despotismo moral, só não barrava as *mamães* nos bailes do projeto burguês-civilizatório. O acesso aos espaços era democrático, mas a gestão territorial nunca o foi. Controlar o clitóris, como Freud preconizou, é choque de ordem moral onde o agente é a ciência psicanalítica. Não estou aqui psicanalisando Freud; ele mesmo se disse, já vimos acima, um tirano amoroso.

E não me refiro somente a seus arroubos da mocidade. Em 1929, aos 73 anos de idade, ele escreverá para Lou Andreas-Salomé: "No fundo do meu íntimo, estou realmente convencido de que meus caros semelhantes - com poucas exceções - são ralé" (GAY, p. 480). *Ralé* é categoria para designar todos aqueles que não são moderados em seus instintos, isto é, os diferentes dos burgueses, os desmedidos e impulsivos. Com sua soberba e seu desdém pelas massas, ele se esqueceu de que nem o *Mensur*, tampouco a guerra mundial foram inventados pelos pobres e despossuídos.

Se a teoria freudiana recorre à coerção do clitóris, desdenhando da sexualidade e da psicologia feminina, é porque há, em suas assertivas, clara filiação aos ditames de sua cultura.

Suas teses foram amplamente debatidas por seus contemporâneos. Melanie Klein, Ernest Jones e Karen Horney, dentre muitíssimos outros, discordaram radicalmente de suas propostas teóricas sobre o feminino. Refletindo sobre a sensibilidade genital da mulher, ele, em 1924, confessa a Karl Abraham não saber "absolutamente nada sobre isso".

Com seu besouro cego bidimensional navegando a todo vapor, Freud inspirou a feitura de mitos psicanalíticos, tais como "o gozo feminino é fora da linguagem". Assim sendo, é impossível se dizer algo sobre o orgasmo clitoridiano. Até mesmo as mulheres emudecem diante do enigma.

Para os psicanalistas de vanguarda, além de cego, modernamente, o besouro bidimensional aparenta estar ficando manco.

8

O demoníaco em Freud

FREUD NÃO ACREDITAVA na fé judaica, nem na fé cristã, tampouco na fé muçulmana. Dizer que ele foi um judeu ateu não é verossímil. Ele foi muito mais do que um descrente absoluto. Sua inteligência era dotada de um gênio demolidor e pessimista. Não se identificava com seu povo, sua raça, sua cultura sexual burguesa, sua etnia. Sentia-se um sábio, um Criador, para além dos mortais. Pagou preço alto por isso: eventualmente, ao se sentir humano, sofria intensamente. Foi o maior pensador crítico de tudo quanto hoje é considerado *moderno, antigo e humano.* Se vivo fosse, escreveria sobre nossas ilusões gozozas e massificadas.

Levou uma vida pessoal conservadora, antiquada mesmo, mas desenvolveu discurso teórico para além de si mesmo, de seus hábitos, costumes e tradições históricas. Era um solitário que só se identificava consigo mesmo, só amava seu pensamento e odiava tudo aquilo que não se ajustava às suas convicções. Amava uma briga intelectual, e lutava como poucos. Sempre foi um duelista intelectual e seu sabre era seu pensamento. Necessitava de inimigos para estimularem-no a pensar, a desejar e a vencer. Sobre a Filosofia e a Teologia, seus conceitos e opiniões não deixaram pedra sobre pedra.

Não suportava duas coisas: mulheres sensuais e americanos pragmatistas. Em relação a ambos nutria sentimentos pujantes e ambivalentes. Simultaneamente, desejava ardentemente os dólares ianques e o sexo com as fêmeas *rebeldes*, mas foi devastador e arrasador em relação a tais paixões objetais. Afinal de contas, era um cientista sóbrio e um burguês comedido; puro semblante patriarcal.

Em *O futuro de uma ilusão*, demoliu com a fé dos cristãos; em *Moisés e o monoteísmo*, demoliu com a dos judeus; em *Três ensaios sobre a teoria da sexualidade*, demoliu com o clitóris e com a sexualidade da mulher. Era um trator desconstrutor. Punha abaixo a verdade da cultura para chafurdar no pântano dos escombros que produzia. Odiava a repressão sexual da cultura, a ponto de chegar a odiar a própria *"cultura"* como tal. Chamava isso de arqueologia da alma. Jamais recuou.

A verdade jaz enterrada e torna-se necessário cavucar e achar os restos ancestrais indesenvoltos de nossa fachada *egoica* evoluída e *civilizada*. Como um arqueólogo da alma, sua picareta era o verbo, a retórica e um absoluto narcisismo intuitivo, onipotente, erudito e inventivo. Sua lógica imaginária era sua fé derradeira. Só acreditava em si mesmo.

Para termos ideia de sua confiança e arrogância ferinas, eis algumas proposições que produziu sobre os americanos: *estúpidos – ignorantes – fundamentalmente a coisa toda, sendo autenticamente americana, é absolutamente repulsiva – os americanos transferem o princípio democrático da política para a ciência – substituem a quantidade pela qualidade – essa raça está fadada a extinção – os americanos são realmente ruins demais – em nenhum lugar se é tão assoberbado pela insensatez das ações humanas como nos Estados Unidos – liberdade*, para os americanos, é sinônimo de *falta de juízo – o que é o americano sem a prosperidade?*

Em 1923, escreve *Uma neurose demoníaca do século XVII*. Vamos direto ao assunto: o demônio é um substituto do pai. Sob o ponto de vista psicanalítico, o anjo caído, o personagem do mal radical, maligno e "oponente de Deus" (FREUD, p. 110), é tão somente polo oposto de um só protagonista. Satã é o protótipo do pai temido e odiado que representa a parte má e demoníaca de um mesmo sujeito.

Freud trabalha sobre um texto medieval que relata pacto realizado por um pintor interiorano com o Espírito Mau; esse infeliz, em 1677, havia assumido compromisso por escrito, a sudeste de Viena, num lugarejo chamado Mariazell, de servir ao demônio e pertencer-lhe integralmente por um período de nove anos. A parte que nos interessa tratar aqui é sobre os termos do pacto, que também intrigaram a Freud.

Christoph Haizmann, o artista alucinado, havia assumido compromisso de *servir* ao diabo. Freud estranha o fato de que no contrato firmado ele não pede nada material em troca. Nem riqueza, nem imortalidade, tampouco belas mulheres. Ele não quer ser agraciado com dinheiro ou prazeres terrenos. O pobre coitado havia perdido o pai recentemente, sofria de convulsões e apresentava acentuado estado depressivo. Qual o motivo que o levara a seus tratos com o Maligno?

Estando abatido e com graves inibições em seu trabalho, era assolado por temores quanto ao seu futuro. Surpresa: o demônio promete auxiliá-lo e dar-lhe apoio quanto a sua depressão, isto é, ele assina seu compromisso em troca de *cura*. Nada além do que aliviá-lo dos sofrimentos de sua enfermidade psiquiátrica e, portanto, restituir sua capacidade laborativa. "Assino um compromisso com esse Satã de ser seu filho obrigado e, no nono ano, pertencer-lhe em corpo e alma" (Ibidem, p. 104).

É encantador ver o pobre coitado Sr. Christoph assinar um contrato terapêutico com Belzebu. Freud comenta: "Se pudesse conseguir um substituto paterno, poderia conquistar o que perdera", isto é, a saúde no pai substituto, no pai da transferência.

O que é mais irônico ainda é Freud achar "estranho que esse homem tenha tido a ideia de aceitar o demônio como substituto do pai que amara" (Ibidem, p. 105). Caberia aqui a especulação de minha parte referente à clara identificação entre o bondoso *Herr Professor* com o mestre maligno? Releiam acima o demônio em Freud atuando contra os americanos, os cristãos, os judeus e as mulheres. Em matéria de oposição a Deus, Freud superou largamente o discurso de Satã.

Isso para não falar de sua malignidade dionisíaca para com os dissidentes: Jung, Adler, Rank e Ferenczi são belos exemplos. Pensar diferente do mestre, pensar em outra coisa, ou de outra maneira, era suficiente para que nosso conquistador condenasse qualquer um às penas do inferno.

Quando Otto Rank se tornou ele mesmo, com posições teóricas e técnicas autônomas diante do sistema freudiano, ele virou "impostor por natureza" (GAY, p. 430), "rato abandonando o navio" (Idem) e coisas afins. Adler virou reacionário, retrógrado e sua influência sobre os outros é puro "terrorismo e sadismo" (Ibidem, p. 213). A pesquisa revisionista, honesta e independente era vista e julgada pelos freudianos como se a *Internacional Psycoanalytical Association* fosse uma seita. "O bando de Adler" (Ibidem, p. 214) foi expulso como "concorrência hostil" (Idem), Freud escreveu à Abraham. Uma verdadeira excomunhão promovida pela infalibilidade do Papa Sigmund Freud. Quanto ao apóstolo Jung, o *filho querido* que questionou e inovou a sacra teoria da libido, o "chefe" o acusou de estar "fora do juízo" e com comportamento "totalmente maluco" (Ibidem, p. 225). Jung à Freud: "Sua técnica de tratar seus discípulos como pacientes é um erro crasso. O senhor gera filhos servis..." (Ibidem, p. 224).

Jung estava certo. A onipotência de Freud demandava servilismos: das crianças, das mulheres, dos pacientes e dos alunos. Com sua *ferocidade imaginosa*, como bem acentuou Peter Gay em sua biografia, tratava a todos como sujeitos infantilizados, inferiores e fantasísticos. Tal como o demônio medieval que prometera tratar a depressão do Sr. Haizmann, amava seu séquito de súditos passivos.

O movimento expansionista da Psicanálise espraiava-se pelo Ocidente. Freud apreciava isso. Mas detestava o revisionismo; suas ideias eram blindadas por seu próprio intelecto e atacava qualquer digressão conceitual que não se adequasse às verdades de sua lavra teórica.

O cara tinha estilo. A Humanidade como paciente deitada em seu divã não é aspiração para qualquer sacripanta miúdo: "É uma tarefa árdua ter como paciente o gênero humano inteiro", ele escreveu em 1924.

Não havia saída: ou você era do lado oligárquico, ou servo voluntário; ou servidor da prepotência oficial "sábia", ou súdito involuntário; ou opressor ou oprimido. Não se tratava de uma questão do indivíduo em sua particularidade desejante, mas sim da estrutura social. Ou se era do lado A, ou do lado B. Isso gera anomalias, disfunções, modos de ver o mundo e de pensar e sentir os fatos. Inclusive modos de teorizar. Freud nasceu do lado A, opressor e sabichão.

O radicalismo e a arrogância cultural invadiam seus textos e suas condutas. Tendo feito algo notável num novo campo do saber, inventado por ele mesmo, julgava poder se pronunciar "sobre tudo o que existe sob o sol" (Ibidem, p. 487). Qualquer coisa que pensasse nomeava de Verdade. Identificado neuroticamente ao Pai divino, como um patriarca obsessivo, jamais suas teses consideraram o poder e o domínio da Mãe sexual. Como um gênio *masculino* desenvolveu uma psicologia máscula, como ele mesmo. Muito doida, tal psicologia configura-se como a ditadura da Verdade!

Com mão de ferro Freud dirigia sua casa e sua causa.

Vejo-o como um intuitivo extraordinário. Secundando a Nietzsche, previu genialmente a morte de Deus e do patriarcado. O parricídio é sua tese primeira e última. Era tão antiquado que não gostava de rádio nem de telefone; detestava os impressionistas e a arte moderna. Mas foi um grande visionário. Fazia parte da última geração sob o domínio de uma sociedade comandada por homens. Quando morreu, em 1939, o patriarcado, paradoxalmente, já agonizava sob os canhões másculos de Hitler.

Quando Freud contava com 11 anos de idade, em 1867, foi promulgada lei na Áustria que proibia mulheres, crianças e estrangeiros de participarem de qualquer atividade política. Um parágrafo do código legal de 1811 designava oficialmente o marido como *chefe de família*, na condição de "dirigente da casa". Para elas, supervisionar o lar e educar os filhos só com a aprovação do marido. Peter Gay diz que as mulheres austríacas tinham que "enfrentar um ridículo impiedoso" (Ibidem, p. 463). As mulheres não tinham o direito de ter sua própria conta bancária. A valsa vienense se revelava socialmente cruel, insensível e hipócrita.

Como vemos, Freud não caminhava sozinho. A mulher frígida convém àqueles que querem mantê-la em casa. A figura caricatural da mulher sexualmente insensível tornou-se "ao longo do século XIX, um ingrediente de primeira ordem numa ideologia antifeminista e *defensiva...*" (Ibidem, p. 466).

Obviamente não podemos responsabilizá-lo por desconhecer a diferença conceitual entre *enfermidade* e *doença*. As pesquisas em Antropologia Comparada e a Etnologia Médica trabalhadas num pensamento articulado ainda não haviam nascido em sua época.

A *doença* acontece pela via de um agente agressor, por exemplo, um vírus. Eu e meu médico temos que lidar com um agente agressor real, um corpo estranho materializado no real do meu corpo. A *enfermidade* já é entidade simbólica, tipificada por discurso social, irreal e invisível ao microscópio, mas que da mesma forma afeta o meu corpo, me corrói espiritualmente, como por exemplo, a homofobia odiosa, a misoginia purificadora ou a xenofobia marginalizante. Como mulher, o que fazer se sofro de enfermidade consequente de uma sociedade que me cala como fêmea e me encontro justamente com bondoso médico que é um sábio misógino e despótico?

A histeria, a histérica clássica com quem Freud aprendeu quase tudo, a histérica de Charcot, o César da Salpêtrière, nunca foi doença, sempre foi enfermidade simbólica. E seu corpo físico produzia sintomas em resposta à cultura que encarcerava ortopedicamente sua sexualidade. Sua sintomatologia física, incluindo paralisias e convulsões, era discurso que transgredia as verdades "puritanas" de seu tempo.

Curar uma doença não é a mesma coisa que *tratar uma enfermidade*. As dimensões psicológica e social do fenômeno são igualmente importantes. Na enfermidade minha disfunção envolve minha família, meu emprego e os extensos e amplos níveis socias. O banimento de um aidético do convívio mundano e gregário, a truculência contra o nomeado *grupo de risco*, os *gays*, sua estigmatização nos anos 1990 são exemplos e fatos emblemáticos para definir seu significado psicossocial. "Vista nesta perspectiva a enfermidade é a conformação da doença em comportamento e experiência. É criada por reações pessoais, sociais e culturais à doença" (KLEIMAN, 1980, p. 72).

O endemoniado medieval citado no ensaio de Freud é portador de clara enfermidade diante das tempestuosas intempéries sociais criadas pela Inquisição na Idade Média. Sua *enfermidade* é secundária à verdade forjada pelo poder mandatário da Igreja, e o demônio é mero símbolo produzido por uma política policial, religiosa e cruenta. O efeito no real do corpo do crente, sua *doença*, é secundária ao Estado Católico que estabelece discurso invasor, torturador, assassino, perverso e produtor de doenças psiquiátricas. Cada sintoma obedece à cultura de seu tempo próprio, histórico.

Como derradeiro exemplo, neste meu livro, cito episódio que demonstra minha concordância sobre o conceito de doença como distinto do conceito de enfermidade. O simbolismo corpo/sociedade é dado permanente. Um psiquiatra sem sensibilidade intercultural é um plácido receitador de Rivotril.

Vou relatar caso descrito no Evangelho de Marcos 5,1-17, século I DC. Trata-se de "cura" produzida por Jesus, libertando um sofredor de sua possessão maligna. Ninguém conseguia subjugar o infeliz, ele arrebentava grilhões, algemas e sua fúria era ensandecida: "Ao ver Jesus, de longe, correu e prostrou-se diante dele, clamando em alta voz: 'Que queres de mim, Jesus, filho do Deus altíssimo? Conjuro-te por Deus que não me atormentes!'. Com efeito, Jesus lhe disse: 'Sai desse homem, espírito impuro!'. E perguntou-lhe: 'Qual o teu nome?'. Respondeu: 'Legião é o meu nome, porque somos muitos'".

Neste tempo o totalitarismo romano era avassalador. O demônio, um e muitos, é a Legião do exército da cidade imperial introjetada pelo psiquismo do obsedado no contexto da Primeira Guerra Romano-Judaica de 66 a 73 DC. A possessão em pauta, curada por Jesus Cristo, fica abertamente caracterizada como sendo proveniente do imperialismo romano, narrada e escrita no século I por Marcos sob influência do colonialismo romano, combatido politicamente pelo Filho de Deus, o redentor. Tratava-se, em Mateus, de narrativa mítica visando a efeitos políticos na fundação da Causa crística.

Na tradição das Luzes Iluministas do século XIX, o sexo e a "degenerescência" eram problemas do burguês *civilizado*, não mais o "demônio" ou a "Legião". A possessão era "histérica", científica, e o exorcista-mór chamava-se Sigmund Freud. O gozo do mestre, seu saber orgasmático, naufragou com o gozo feminino, e isto atrasou em meio século as pesquisas psicanalíticas sobre o princípio feminino.

Freud não era, corrigindo a mim mesmo, um neurótico qualquer, era Sigmund Freud. Do porte de um Platão, um Kant. Se você acredita que o camelo armazena água nas corcovas, és um sujeito que crês no princípio feminino freudiano.

Lacan veio na aba do mestre. Não foi um fundador original. Nos rastro das bobagens de seu mentor, chegou, em *1963*, a dizer que o clitóris não é um "pequeno pênis", mas "uma parte de pênis, correspondente ao corpo cavernoso" (LACAN, 1963). Como médico, tropeçar assim na ciência de seu tempo é de uma regressão teórica tão infantilizada só cabível num narcisismo prepotente e galopante.

Se o clitóris, como corpo cavernoso, é uma *parte de pênis*, o pênis é estruturado anatomofisiologicamente pelo clitóris, isto é, ele, o super Pênis, contém em si o clitóris.

Encerro este capítulo por aqui perguntando a mim mesmo e ao leitor: como fica a situação do sofredor, do paciente, diante de tanta insensatez teórica e onipotência terapêutica?

9

Kaput: fim do reinado masculino

COLOCAR A HUMANIDADE do Homem no divã psicanalítico é direito fundado num ideal utópico. Freud o fez embasado em sua própria enfermidade. Releiam o capítulo anterior: enfermidade não é doença.

Cada metafísica ou metapsicologia em discurso é um *working in progress* fundado na faculdade imaginária do filósofo ou do psicanalista.

Meu ideal, ou seja, a convicção deste sujeito que escreve essas linhas é: não creia em ideais, não acredite em seus sonhos, menos ainda nos sonhos de quem *resolveu* a verdade sobre os enigmas daquilo que *é* o mamífero humano, o *Ser* do homem e sua *Verdade.* Assim sendo, muito cuidado com os psicanalistas e os filósofos, freudianos ou não. Freud era um platonista juramentado.

Acreditar em quê? Ou em quem? Numa ilusão mais de acordo com o meu trivial cotidiano, como já referi nas primeiras linhas deste texto? Acreditar em Platão, Freud ou em Alan Kardec? Sim, talvez acreditar como as mulheres acreditam seja uma boa solução, um bom caminho. Não sei, especulo.

Acreditar no que Lacan e Freud pensam sobre a mulher é crer na "coisa" feminina, muda, soterrada, gozo pré-histórico e orgasmo demoníaco. Para qualquer discípulo de Lacan o sexo feminino deve (tem de) ser uma boca de crocodilo. Significações novas, significações ambíguas e, fundamentalmente, significações antigas.

Elas creem em seus amores. Não creem no outro que amam ou desejam – ou amam *e* desejam – *ao contrário*, como diria o poeta, amam amando o amor. Nenhum másculo masculino é capaz disso. É realmente espetacular e espetaculoso. A mulher ama o próprio amor, enquanto o homem ama *pensar* sobre o amor. Toda a ética de Aristóteles é um pensamento do e sobre o amor.

Mas, para os luminares da Psicanálise, a mulher é pré-histórica, passado, inatual, e é o paleolítico que fala pelo clitóris a ser extirpado. A teoria clama pelo eugenismo da raça humana.

Um homem não é capaz de amar o amor na mesma medida da amorosidade que as mulheres têm pelo *amor em si*. Um homem, como Freud e eu também, angustia-se quando é amado. Ele, o homem, o viril, tem que limitar e até – como Freud, mas não eu – ridicularizar e depreciar o afeto e o sexo que emana do feminino. Quando Lacan disse que *não há relação sexual*, ele errou o alvo: *Só há relação sexual; o impossível é o amor*.

É muito mais inviável dizer verdades na linguagem afetiva, na amorosidade verbal, do que na linguagem corporal. O corpo a corpo é pré-verbal e pré-genital, sem pensamento nem conceito. É impossível teorizar dois corpos pelados que se confundem em luxúrias gozozas e fluidas. Dois corpos se devoram psicoticamente. Ter relações sexuais é uma psicose bem-sucedida. Ainda bem que o orgasmo só dura dez segundos.

Essa é a diferença entre mulher e homem. A teoria psicanalítica comeu mosca. Cem anos sapateando no molhado e ciscando em preconceitos. A mulher não ama seu homem, ela ama o amor que tem pelo seu homem. Sim, ela ama... *nada*. O inconsciente feminino é budista, oriental eu diria. No inconsciente da mulher, o nada de Eu reina e governa. A estrutura da fêmea é meditativa e fantasística. A mulher que não é budista é neurótica; ela ama um pênis, ao invés de desejá-lo. Essa coisa feia, parcial; esse penduricalho insuficiente, objeto adormecido e mudo; esse troço do homem; esse fetiche que a adoece.

Elas não estão mais impedidas de gozar com seus vários parceiros sem a menor dose de amorosidade. Amor e desejo podem perfeitamente não se misturar. E o homem, seu corpo, agora também é *objeto* de desejo e valor de troca.

A mulher – todas, uma a uma, ou A Mulher como tal – sabe disso o tempo todo. Aliás, conceituar A Mulher, com maiúscula, repetindo, A Mulher, já é eliminá-la do palco social como ser metafísico e desencarnado.

Por tal causa e por tal fato ela deve ser depreciada, amordaçada e vilipendiada na cultura de seres de carne e osso. Irreal e fora da linguagem; como fez o saber psicanalítico com o princípio feminino. Quando Lacan coloca o clitóris *dentro de um pênis*, isso revela clara inveja do clitóris.

No meu consultório as coisas caminham assim: quando uma mulher casada com um Pai – burguesão vitoriano com todas as letras –, sendo, portanto, mãe e infeliz *cuidadora* desse marmanjo mandante, provedor e mandatário *do lar*, pode descobrir, ou não, o *nada* que é esse sujeito se ele for destituído da posição de Patriarca despótico, e, simultaneamente descobrir o *nada* que é ela mesma, e se rejubila. Sobre esse branco, ela vê todas as suas potencialidades e possibilidades. É o falo, seu sadismo histórico e sua violência totalitarista, percebido nela mesma como mito cultural e ilusão feminina. Ao perceber isso, produz-se a *ideia* de renascer para outra coisa que se chama *nada*. Assim, se minha conjectura estiver próxima ou adequada a alguma realidade subjetiva referente ao feminino, a mulher faz uma aposta possível sobre o *tudo viável* nela própria, como condição de possibilidade em cima de um fracasso fundamental: o fracasso do *másculo* e da milenar opressão masculina.

Poderia escrever duas mil páginas teóricas sobre isso, sobre o Ser ou o Não Ser do feminino, ou descrever centenas de casos clínicos. Não farei nada disso. Não vou encher o saco de meus leitores com um blá blá blá acadêmico. O que tenho a dizer está finalizando com estes derradeiros capítulos deste meu livro. Ainda tenho muito excitação pela vida, pelas mulheres e pelo meu pensamento para estar escrevendo essas linhas. Mas, aos 66 anos de idade, no número etário da besta do Apocalipse, começo a ficar entediado e enfastiado com a nomeada *humanidade do Homem, sua espiritualidade canhestra.* Apedrejar mulheres "adulteras" e torturar supostos "terroristas" configura uma moral de nossa moderníssima "Legião"?

Eu, o escritor que vos fala, só não concordo com tudo!

A ética com anseios universalistas é tão verdadeira quanto o Mercado Comum Europeu: não há nada de comum, tampouco de europeu no MCE. Portanto, ando mal comigo mesmo quando tento entender a "Verdade". Nada bom.

Sobre o feminino no século XXI, quero dizer o seguinte: não podemos mais receitar o lar para as mulheres e o mundo para os homens. Não estamos diante de nenhuma desordem. É uma nova ordenação que se delineia entre os sexos. Há nova ordem no mundo. Não é cabível avaliar se o mundo está *melhor* ou *pior*. O mundo é um estado de coisas. Ponto.

É comum, contemporaneamente, uma mulher planejar sua maternidade para além dos 35 anos de idade. Isso era inimaginável na época de Freud. Aos 40 anos a mulher vitoriana já era uma senhora idosa.

Elas também já estão escolhendo o pai biológico e não apenas o pai de família. Um psicanalista didata se horrorizou com o século XXI e escreveu: "Um sexagenário já pode desejar um filho!" [*O homem sem gravidade*]. Tais discursos obsoletos não deveriam sair da boca de profissionais que são também conferencistas. Um dia desses Charles Chaplin virá assombrá-lo na calada da noite.

Na falta de ter um pênis, a mulher cuida de sua imagem corporal: ela tem um corpo feminino. Apoiando-se sobre o real da carne, o corporal adquire valor essencialmente simbólico; seu corpo lhe aparece como objeto mais valioso do que o pênis.

Não se trata aqui de um símbolo fálico, mas de algo a mais, uma mais valia onde ela funda sua autoestima como proprietária de um objeto que a determina como valor de uso e de troca. Ela pode *se* trocar, ou *se* dar a seu bel-prazer. Uma mulher normal sabe-se como única e soberana proprietária de seu corpo. Sim, ela é o objeto do desejo e há um corpo possuído por si mesmo. Ela quer ser desejada, mas também quer usar e trocar sua posse como bem lhe aprouver. Ela jamais inveja um pênis.

Desenvolvendo-se para a beleza, ela estima, ama e valoriza sua sexualidade, seu prazer, e não vai se dar a *qualquer* um, a *qualquer* pênis. A partir dessa posição subjetiva vai, então, escolher a quem amar. E não amará nenhum corpo masculino, menos ainda o hiper Pênis. Antes, amará um sujeito a quem possa nomear de *homem. E tal nomeação é individualíssima e fora da filosofia.* Não é metafísica, é hipofísica. Ou a quem possa nomear de cúmplice, ou de parceiro, hipofisicamente.

Entre os humanos, o *ter* um corpo como objeto é experiência que antecede ao *ser* um sujeito amado. É o corpo de mulher na mãe, secundado por sua voz e seu olhar, que produz um sujeito nos filhos. A questão quanto ao *ser* da mulher que goza, tão negada pela Psicanálise, prende-se à saúde de seu narcisismo, isto é, ao seu *ter* um corpo desejado por si mesma.

A mulher que não deseja ser desejada é uma mulher doente. Um filho que não foi nem é desejado adoece. É um equívoco afirmar que a mulher se embeleza para ocultar aquilo que lhe falta. Sua maquiagem, seus adereços e seu salto alto são ferramentas com as quais ele põe em evidência aquilo que *não* lhe falta: seu corpo.

A grande questão é que um homem espia uma mulher de outro modo. O olhar masculino não vê o corpo feminino como uma mulher vê a si mesma. E vice-versa. Ela se vê como sujeito; ele a vê como objeto. Não existe simetria. Amar é, *sempre*, um erro de pessoa. Eis a Verdade do século XXI; ela, a Verdade, é o gemido de um gozo... feminino.

O juízo que afirma o corpo feminino como valor simbólico a menos, em oposição a um valor simbólico masculino a mais, é fundado numa proposição falsa. Freud percebeu muito bem que "as mulheres não amam, estritamente falando, senão a si mesmas". Seu erro foi enxergar tal estrutura como algo negativo, doentio ou menor. É o oposto. É por essa mesmíssima razão que a mulher é saudável, deseja gozar e amar o outro.

Além de desconstruir a genitália feminina, Freud também minimizou a capacidade intelectiva da mulher. Sem corpo nem alma reflexiva, resta-lhe amar e ser fiel a um Pai de quem, ao se casar, assume o patronímico. A ordem patriarcal, ao suceder o matriarcado, aponta "para uma vitória da intelectualidade sobre a sensualidade" (FREUD, 1974, v. XXII, p. 136).

Tal avanço tem como consequência aumentar a autoestima do macho, "de maneira, diz ele, que se sente (o sujeito) superior a outras pessoas que permaneceram sob o encantamento da sensualidade" (Ibidem, p. 137). "Um avanço em intelectualidade consiste em decidir sobre a percepção sensória direta, em favor do que são conhecidos como processos intelectuais superiores, isto é, lembranças, reflexões e inferências. Consiste, por exemplo, em decidir que a paternidade é mais importante do que a maternidade..." (Ibidem, p. 140).

Já vimos anteriormente, com Einstein, a extraordinária importância da ordem sensória e imaginativa. Hoje em dia o entusiasmo com o sensório e o sensual parece que assumiu lugar definitivo no mundo moderno. Em detrimento da intelectualidade? Não creio. Aonde esta nova ordem vai nos levar? Qual o seu sentido ou significado? Um dia saberemos, quando lá chegarmos.

Mais: a tese que afirma uma libido inibida ou reprimida, em prol de um intelecto desinibido, é insustentável. *Ou* o sexo *ou* a intelectualidade sempre foi uma questão muito pessoal do próprio Freud. Seu trajeto pessoal na existência não pode configurar teorização universal. E mais: se isso fosse verdade, a intelectualidade das mulheres, reprimidíssimas que eram, seria infinitamente superior à dos homens.

Se Freud *deu* vida ao discurso histérico, escutando-o e retirando-o do asilo, ele também se deu ao direito de retirar-lhe a vida quando confisca e condena o seu erotismo às masmorras da maternidade procriadora e *civilizada*. Como um pai da antiguidade romana ele se deu ao direito de dispor da vida e da morte de sua *neurótica*; afinal, quem "dá", também pode "tirar". Como já disse Foucault, um soberano "só marca seu poder sobre a vida pela morte que tem condição de exigir" (FOUCAULT, 1985, p. 128).

A histérica moderna, do século XIX, nada mais era do que uma suicida; ela matava em si a vida de seu erotismo em prol da enfermiça moral vitoriana, mas também fazia de sua sexualidade uma *quase* epilepsia – na verdade uma falsa epilepsia erótica, em suas manifestações ruidosas e corporais. Freud tentou curá-las pela peculiar escuta do método psicanalítico, enquanto, com a outra mão, simultaneamente as enterrava no sarcófago de seu cientificismo antiquado e oniricamente regulador.

A ciência de Freud sobre o feminino sempre foi uma insciência moral, ideológica e mitológica.

No preciso momento em que escrevo estas linhas, Uganda criminaliza a homossexualidade e a França enquadra como criminoso o usuário do bordel, o cliente da prostituta. O poder sobre o sexo *rides again.*

A gestão coercitiva sobre o gozo permanece sob a lei racista do biopoder normatizante, fiscalizador e fálico. Contudo, por decreto-lei a sexualidade não retornará ao leito do órgão ou da finalidade. Mas parece que o ciclo da interdição se reinicia, sé é que algum dia ele findou.

Qual será o próximo dono do saber ou do poder a quem me confessarei? Quem vai me interrogar, interpretar, entrevistar ou investigar? O cientista ou o policial?

Alguém que me lê ainda acredita que o sexo retornará civilizadamente ao quarto do Pai?

O significado do sexo e do amor, seu labirintos de sentidos e significâncias ainda estão por serem compreendidos. Depois de compreendermos, haverá um momento de concluir?

Freud foi um descrente absoluto que, sob sua ética, cristianizou a mulher. Tenhamos fé. Que venha então nova utopia, mais mitológica, outro vir a ser ainda imaginário, porém transcendentemente *conclusivo*.

10

O verdadeiro da verdade

O FATO DE NÃO EXISTIR correspondência entre nossos pensamentos conscientes e a realidade das coisas do mundo é noção demonstrada por Freud no *Projeto* de 1895. O signo linguístico *representa* o objeto, ele não é o objeto. A descoberta de que tal correspondência é impossível não cria o risco de nos fazer perder o desejo de procurar a real realidade do objeto. É exatamente por tal impossibilidade que temos a faculdade desejante: amamos e desejamos o impossível.

Um objeto não pode ser definido, tampouco percebido. Apenas e tão somente posso dizer *como* vejo *algo*, imerso que estou num caldeirão de ideias que me envolvem na penumbra de meu sonho sobre mim mesmo. Como mero personagem, protagonizo minhas qualidades para que possa acreditar poder dizer algo sobre o clitóris do outro. Como se todos os clitóris fossem iguais!

Verdade é palavra que normatiza a ilusão do "conhecimento" sobre algo e também produz convicção mítica girando em torno dos signos da coisa que é: a coisa é. É a verdade *nomeada* que vai regrar a asserção conceitual, e a asserção é sempre crença racional num cálculo sincero. Infelizmente a sinceridade não se liga ao verdadeiro; antes, liga-se mais ao falso. Não saímos jamais da indecidibilidade e da incerteza, mas cremos sinceramente em falsidades e ilusões. Considerando que todo conceito é ficção significada, a coisa é, mas o quê?

Freud era assolado por um desejo de verdade, mas daí a dizer que é verdadeira a inferioridade da mulher pelo fato de ela não possuir um pênis é crer que uma proposição teórica de sua lavra é verdadeira porque sua vontade assim o quis e ponto final.

A inveja do pênis é uma realidade tal qual ela é em si mesma? Freud foi o único sujeito que realizou a correspondência entre seu pensamento e a real realidade da coisa? Essa tese radical não afeta apenas os especialistas psicanalíticos; ela induziu equívocos profundos na prática terapêutica *contra* os sofredores emocionais, os pacientes.

O *penso* (cogito) cartesiano transubstanciou-se, com o próprio Freud, num pensar narcísico, ou seja, num falso *cogito* prenhe das tendenciosidades subjetivas típicas das paixões irracionais; pura desrazão fantasística. Todavia, como descobridor do narcisismo infantil, por via de sua autoanálise ele teria sido o único psicanalista a não sofrer de tais deslizes neuróticos em seus pensamentos? Produzia conceitos pela via exclusiva de um cogito habitado por verdades inquebrantáveis e definitivas?

A verdade é que a *Verdade* desse pensador sobre a feminilidade foi urdida sob crença cujo gatilho sempre esteve em seu próprio narcisismo. A realidade social, ditando a supremacia máscula, é discurso de fé imaginária, e não de ciência. A aprovação que tal público ou tal comunidade produz sobre enunciados "verdadeiros" em seus respectivos aparelhos de Estado faz desses discursos mera norma cultural. E tal norma jamais vai configurar juízo lógico e consistente, mas delineia, isto sim, assertivas ilusórias e crendices moralizantes pelo bem do Estado, jamais pelo bem do indivíduo.

"Afirmar algo ou fazer uma asserção por meio de um enunciado é exprimir a crença em que o enunciado é verdadeiro" (Pascal Engel).

Sim, as crenças visam à verdade, mas visar à verdade não é o mesmo que dizê-la.

Nomeamos de *secularização* a transferência dos bens da Igreja para o Estado laico. Formas de pensar e modos de vida religiosos são substituídos por equivalentes racionais. A ciência e a técnica em torno das questões femininas como forças motrizes da modernidade que se quer democrática acabam, com Freud, regredindo ao obscurantismo. E esse, por sua vez, não sedimenta as distinções entre o pensar científico e o pensar religioso. O espectro da filosofia patrística ronda sua teses sobre a anatomia da mulher.

A moral profana rege o cientista e a ciência. A ciência tem o dever de profanar toda e qualquer produção mística ou mítica. Tem sido assim desde tempos imemoriais. Galileu quase foi para a fogueira quando afirmou que a Terra se movia em torno do Sol. Baruch Espinosa foi excomungado ao dizer que os profetas das Sagradas Escrituras, incluindo Moisés, só produziram um amontoado de bobagens para o vulgo. Para o filósofo holandês, o povo hebreu confundia *servidão* com *salvação*.

Sem tal reflexão profanadora as religiões acabariam por desenvolver potencial impiedosamente nocivo na esfera pública democrática. O fundamentalismo religioso nos mostra exatamente isso em pleno século XXI.

O que pretendo deixar claro é que os argumentos psicanalíticos sobre a mulher, isto é, os argumentos, com base em observações supostamente provenientes de casos clínicos, foram obtidos através de costumes sociais fundamentados em absurdas convicções da cultura falocêntrica. Tais ideias podiam convencer (e convenciam) gregos e troianos graças a uma "verdade universal" misógina disseminada no direito civil, no pensamento filosófico, médico, teológico e científico medieval. Esse estado de coisas *ainda* vigora no terceiro milênio.

Na verdade, se atentarmos para as estatísticas modernas de nossa época, pouco ou quase nada mudou no âmbito da violência contra a mulher. Se mudou, mudou para pior: globalizou-se.

Freud, os padrões católicos da idade média, Lacan, a opinião pública moderna e o senso comum se eternizam em convicções baseadas no medo e na crendice quanto às verdades sobre o feminino. Aliás, Espinosa já o disse, nada como o medo para produzir supertições espetaculares. O que é gravíssimo é o obscurantismo emanar de teses postuladas por autoridades científicas, políticas ou filosóficas.

Segundo o pai da Psicanálise, Deus fez a mulher defeituosa congenitamente ao não agraciá-la com um pênis; com o mesmo gesto criador, o Senhor a brindou com um pênis involuído, tornando-a aparelhada com um clitóris masculinizante. A Psicanálise freudiana veio ao mundo para corrigir o erro divino, inibir o gozo feminino e civilizar a fêmea humana, isto é, *curá-la.*

No dia 22 de julho de 2014, o UNICEF [Fundo das Nações Unidas para a Infância] divulgou dados macabros: na África Subsaariana muçulmana e em alguns países do Oriente Médio vivem, atualmente, 130 milhões de mulheres vítimas da ablação clitoridiana. Estimam-se hoje em 170 mil as vítimas de ablações genitais na Grã-Bretanha. Freud não está só.

Acompanhando o pensamento freudiano, em 1797, na *Metafísica dos costumes*, Kant dedica-se à filosofia moral. Sobre a vida privada, ou seja, sobre o direito pessoal do tipo real, diz ele, referindo-se à lei que rege o *modo de aquisição comunitária no estado doméstico*: "De acordo com essa lei, a aquisição é, segundo o objeto, de três tipos: o homem *adquire* uma mulher, o casal adquire filhos e a família adquire criados...". Trata-se do *direito de propriedade.* Inclusive sobre a mulher. Nota: pela lei, o chefe de família será sempre o macho da casa, o Proprietário. Na referida obra, sempre que Kant menciona o *direito dos pais* está se referindo ao *direito do Pai*, posto que a comunidade doméstica se assenta sobre a "sociedade dos chefes de família" (Ibidem, p. 88). Já esclareci nos capítulos anteriores *quem* é esse chefe, sua cultura e seus hábitos.

Quando lemos o texto de um autor, para sabermos o que ele tinha em mente, precisamos conhecer a época em que escreveu suas teses e sob quais circunstâncias sociais as escreveu. A feminilidade como coisa inferior sempre foi certeza moral. No cotidiano estamos acostumados a aceitar verdades absurdas por força de uma insensatez dos costumes e hábitos morais.

Imaginemos Freud andando pelas ruelas de uma pequena província na Itália onde, ao se ver perdido no labirinto de vielas, depara-se com uma rua de pequenos bordéis enfileirados um após o outro. Constrangido, nosso recatado professor retira-se apressadamente para tornar a se embrenhar por estreitas vias desconhecidas, acabando por se deparar com a mesma rua de prostíbulos. Sai pela segunda vez em passos rápidos, mas a operação se repete pela terceira vez. Lá está nosso herói diante das mulheres da vida.

Este é um relato que Freud nos faz de sua experiência com a compulsão, a repetição e o ato falho. Ele nos relata esse incidente de sua vida em texto de 1919, *O estranho*. Para Freud, o que se repete é o desejo mediante uma falta. Se eu entrar numa loja de sucos naturais e pedir uma cachaça, este ato é falho, visto que *conscientemente* desejo uma limonada, mas *inconscientemente* o que eu verdadeiramente desejo é uma birita. E é uma *falta* que determina a repetição do ato. Para mim falta cachaça, e não limonada.

Não vou me estender no significado do episódio dos prostíbulos; Freud não desejava limonada.

Sigmund Freud tinha uma maneira toda pessoal para lidar com o tão desejado e nomeado *sexo selvagem*: demolindo-o moral e conceitualmente. Ele não se dava conta de que ao desejar, depreciou a feminilidade para simultaneamente atacar *todas* as mulheres.

Com toda certeza demoliu-as na suposição de que resolveria as vicissitudes de sua excitação por elas.

Para Lacan, a causa do desejo, seu objeto, é algo da ordem do não realizado, um puro *nonsense*, como algo desinserido da linguagem, da racionalidade e da inteligibilidade; é um vazio onde algo falta. Encontrar a cachaça desejada na quitanda do verdureiro seria puro *nonsense*. Segundo o mestre francês, a mulher é a causa mascarada do desejo e é o semblante do objeto. Daí dizer que a mulher é da ordem do que falta a ela mesma, um pênis, isto é, da fenda, da irracionalidade ininteligível é o mesmo que produzir uma tese insana na qual se apegou a Psicanálise até os dias de hoje. A mulher seria o negativo e o homem o positivo da existência humana. Trata-se de oposição estrutural. Pergunto: por quê? Porque algo falta a Freud: uma mulher *selvagem* para chamar de sua.

O desejo de domínio por parte de Freud por si só já explica a teoria. Mas, dominar a teoria sexual não é o mesmo que dominar o saber-fazer sexo com uma fêmea. Já dissemos que é ela, e não ele, a dominadora estrutural. Mas é ele mesmo o único árbitro de sua própria invenção conceitual. Arbitrário, mas ainda assim, árbitro.

Na verdade o maior enigma teórico é referido ao clitóris, esse pênis paleolítico que deve ser inibido. Trata-se de um estranho e indesenvolto pênis, mas ainda assim um pênis familiar, um Frankenstein bizarro, porém com marcados traços humanos; a mulher o porta entre as pernas. O clitóris é um pênis. Ele *não* é um signo feminino que aponta para um objeto que goza. E agora, José?

E agora... No arsenal retórico de Freud, o pênis é órgão normal, enquanto o clitóris é órgão neurótico; o segundo deve ser submetido a tratamento pelo primeiro, psicanalítico, é claro. Mas, no texto freudiano, o clitóris é o *alter ego* do pênis, assim como o pobre é o *alter ego* do rico e o bárbaro do civilizado. Ser outro, um *alter*, é o mesmo que servir de depósito para todos os medos, as culpas e autocensuras inexpressas. O *alter* é o meu demônio interior, um sinistro a ser exorcizado para fora de mim, e é por ele que meu Eu pode brilhar. É nele que deposito minha imundice, minha selvageria e meus restos sujos.

O objeto causa do desejo é um dejeto, um resto; a tese é lacaniana. Quanto mais repulsiva é a vida da mulher, mais toleráveis são os pequenos incômodos e os grandes riscos na vida do homem. Extirpemos, portanto, seus clitóris.

Quando Freud encontra na Itália, a cidade eterna, seus santuários e, dentre eles, a estátua do Moisés de Michelangelo, encontra também a *outra cena* na qual revê as prostitutas de seus fantasmas e desejos mais recônditos. Roma falou, *Roma locuta*. A fonte, a *fontana*, é a carne no teatro do corpo, e não a linguagem simbólica. Freud, interpretando a ele mesmo, dizia que ir a Roma tinha para si o significado simbólico de violar o corpo de sua mãe. Entre o Moisés da Igreja de São Pedro em Vincoli e a cidade mãe, por três vezes ele se dirige aos protíbulos para reencontrar seu bezerro de ouro sintomático.

No ensaio sobre Moisés, que publicou apocrifamente, ele analisa os desejos do profeta hebreu na estátua de mármore criada por Michelangelo. Mas jamais analisará ou confessará o anseio que o conduziu pelos labirintos e vielas provincianas da cidade eterna.

Analisar um dado signo, o clitóris, em sua dinâmica na língua é levar em conta o seu valor. O valor é elemento de significação, e a significação é dado de valor *social* e *arbitrário*. Enunciar A Verdade enuncia mais um vício de linguagem, sempre retórico, do que a realidade do real.

O Verbo jamais foi o início. No início não era o Verbo, no princípio era a carne. Eis o que a *Bíblia* não pôde dizer... dizendo. Releiam livro de Gênesis. A matriz carnal das origens é a Mãe, a Fêmea, a Coisa, a Mulher, a ausência que fala no Texto Sagrado, um dito sem sujeito, um corpo que fala e Nutriz primordial. Todavia... É uma serpente astuta.

O amor é Imaginário e o sexo é Real.

Inequivocamente, o ato sexual traz evocação de algo do passado como caráter novo, algo de familiar no desconhecido, naquilo que nos é, para nossa consciência, completamente novo. Entretanto, o homem másculo, desejante da carne pura e suculenta, tolera mal a resistência da mulher que não cede ao seu desejo. Por isso nós, homens, destituímos a mulher como *sujeito* do desejo para torná-la *objeto* do desejo. Na impossibilidade de aplacar a falta real, o Homem estabeleceu uma dada ordem simbólica, cultural, conceitual e religiosa de poder avassalador sobre a Mulher.

A violência contra elas, como forma de oposição cruenta, é assim oficializada.

A tese freudiana – e Lacan viajou na aba da teoria do mestre – é muito simples: o pênis, sob o ponto de vista da evolução onto e filogenética, foi outrora o clitóris, imaginem vocês, caros leitores e leitoras. O órgão feminino é uma espécie particularmente temível de pênis, algo assim como um Tiranossauro Rex. A mulher é ao mesmo tempo palavra *mulher* e coisa X.

Vou me permitir agora fazer um pouco de ciência neste meu livro. O cérebro humano possui, simplificando figuradamente, três estruturas distintas: o arquicortex, o mesocortex e o neocortex. No princípio da vida, sob o ponto de vista evolutivo, os anfíbios só possuíam o arquicortex, diminuto e, obviamente, sem função cognitiva. Trata-se de um córtex antigo. Os répteis, evoluindo, desenvolveram tais estruturas e os mamíferos inferiores mais ainda. No *homo sapiens* o neocortex é, sob o ponto de vista filogenético, superdesenvolvido em relação às espécies ditas inferiores. É o novo córtex em suas funções reflexivas, linguísticas, simbolizantes etc., recobrindo as partes arcaicas de nosso cérebro. Ou seja, ainda somos sujeitos fisiologicamente primitivos. Nos humanos, o cortex novo *recobre* o antigo, mas não o elimina.

Quando Freud estabelece que a sexualidade feminina seja involuida e selvagem, a mulher que goza, governada pelo arquicortex, é um anfíbio ou um réptil? Releiam a *Bíblia*.

Elas, fisiológica ou inconscientemente, têm duas faces que não se equilibram, não se coadunam, não se emparelham com relação a si mesmas nem com relação ao homem: não há relação sexual (LACAN). É ao mesmo tempo falta e excesso. O feminino da fêmea adota nomes inauditos, é um animal fantástico digno dos melhores textos de Jorge Luis Borges.

A palavra *mulher* é, enfim, palavra de segunda potência. O clitóris tem como propriedade exprimir a potência não da fêmea, mas da coisa a ser caçada, interditada, que habita a feminilidade intrinsecamente patológica. Por isso tudo ela, a coisa, é completamente anormal. Ou melhor, é a metade anormal... que goza! A parte homem da mulher é espiritual, não coisa e saudável. O sentido anômalo do erotismo feminino não pode, assim, ser designado a não ser pelo outro nome... do Pai. O Pai é e faz a lei normal de todos os nomes dotados de sentido civilizatório.

Civilização: palavra paterna, freudiana. Sugiro àqueles que me leem que comprem o jornal de hoje, *O Globo*, a *Folha*, o *Le Monde*, a revista *Newsweek* e a *Veja*, assistiam na televisão os noticiários da BBC e da CNN etc. Desafio quem conseguir enxergar nas matérias da mídia global uma só notícia que configure aquilo que nomeamos de civilização.

Temos ou não que supor o *nonsense* dirigindo seu próprio sentido, já que, por definição, ele não o possui? É que o jogo de palavras diz que o não senso tem um sentido, que é não ter sentido. A relação entre o verdadeiro e o falso foi ou não foi para o brejo?

A Psicanálise, pasmem, está vendo o mundo moderno em suas determinações de significado como agregado disjunto do feminino. Se o mundo é um paradoxo caótico, o mundo é Mulher!

A verdade é o fato, e o fato mostra o circo dos horrores falocêntrico direcionado às fêmeas humanas: 700 milhões mulheres que vivem hoje no planeta, a maioria delas indiana, casaram-se obrigadas, ainda impúberes, com homens adultos (UNICEF-2014). Sim, eu disse crianças e adolescentes. Aproximadamente quatro vezes a população do Brasil! Eis o mundo fabricado pelo Homem, nosso civilizado e querido mundinho do hiper Pênis.

Se continuarmos calculando com as estatísticas referidas, verificaremos que, em matéria de sexualidade, mais de um terço da população masculina do planeta encontra-se na idade da pedra lascada: um bilhão de homens másculos.

Para explicar tudo isso só uma Psicanálise, uma Sociologia e uma Filosofia do absurdo. Mas então, paradoxalmente, a Psicanálise, a Sociologia e a Filosofia seriam um absurdo em si mesmas. O que é bom para o absurdo é bom para a lógica. Insistimos na linguagem, mas é a própria linguagem que produz unicórnios azuis, mulas-sem-cabeça e genitálias femininas paleolíticas.

Entre 1887 e 1904, o jovem Freud se correspondia com Wilhelm Fliess, otorrinolaringologista maluco que o futuro psicanalista considerava como único e genial parceiro intelectual. Em 1950 foi publicada a correspondência completa entre ambos, algo em torno de 250 cartas. Freud utilizava os trabalhos do amigo em suas pesquisas. Título de um *paper* de Fliess, datado de 1896: *As relações entre o nariz e os órgãos genitais femininos.*

Nos primórdios do pensar psicanalítico, a mulher menstruava pelo nariz e tirava meleca da vagina. Assim, mundanamente, avaliava-se a natureza do objeto feminino há meros cem anos. A impotência dos gênios é o trágico da humanidade do homem: eles sublimam seus *complexos* para nos legar magistrais obras condenadas a caducar.

Nos anos de 1897/1898, Freud envia ao parceiro uma série de manuscritos que intitula com o nome grego *Drekkologie*, cujo significado é *merdologia.* "Fliess os devolveu, depois de fazer algumas correções" (PORGE, 1998, p. 17).

Uma questão basilar: nos últimos 50 anos a mulher conquistou o mundo. E não disparou um tiro sequer. Elas, nos dias atuais, estão ativamente na vida pública, na política, nas universidades, nas artes e nas ciências. Elas conquistaram ainda, fundamentalmente, o gozo sexual. O macho másculo sente tudo isso, essa maciça ocupação, como uma espécie de invasão estrangeira. Quando se perde o domínio, a dominação pela violência entra em cena. Estuprar uma mulher é patética tentativa de retomada do poder.

Mas a violência não cria o poder, antes desmoraliza-o.

Triste epílogo

É COMUM NÃO SABERMOS distinguir no mundo a diferença prática entre um gesto de autoridade e outro de autoritarismo. Delego autoridade ao encanador que vai reparar o cano furado na parede de minha cozinha; quero resolver a infiltração que alaga meu aposento. É ele, o tal técnico, o indivíduo que detém esse específico saber-fazer.

Um psicanalista também é um técnico, mas seu saber não é sobre nenhuma materialidade do mundo. É um saber sobre minhas emoções, meu psiquismo. Sobre minha alma, eu diria. Neste meu ensaio, contextualizo a posição autoritária de Freud para com seus pacientes e, fundamentalmente, para com suas próprias descobertas, as quais nomeava de *verdades absolutas*.

Não entrego a chave de minha casa ao encanador para em seguida ir passear no bosque e retornar quando o serviço estiver concluído. Fico de olho nele. Posso até, para realizar tal tarefa, não escolher o primeiro profissional que entrevistei. Não senti clara adequação entre seu discurso e aquilo que eu julgava ser o defeito da cozinha. Mesmo sem entender o menor detalhe sobre canos de cozinha, sou ativo como cliente e sigo minha intuição.

Tudo fica mais complexo se o profissional tiver a fama de ser um sábio bombeiro hidráulico. Isto é, se ele for considerado

O Bombeio Hidráulico. E, principalmente, se meu querido encanador julgar a si próprio como o único sujeito que sabe *realmente* qual o defeito em minha cozinha. A Verdade do defeito, só Ele a sabe. Com qual ferramenta intuitiva vou inquirir um saber tão unânime? Estou falando, estruturalmente, de uma *situação autoritária.*

O autoritarismo de Freud repetia a posição unânime da sociedade face ao feminino, e ambos os discursos afetavam profundamente a identidade e o papel na mulher nos primórdios do século XX. A convicção erudita e popular sobre os desígnios das fêmeas, sem nenhuma sutileza, era implacavelmente depreciativa em suas respectivas ignorâncias e toscas ingenuidades. A ideologia sobre o tema era plantada sobre um poder inquebrantável, masculino, e a *situação autoritária* acima referida assolava todo o corpo societário.

Era impossível para a metade feminina da humanidade escapar dessa dor psíquica. Sim, dor psíquica. O universal juízo de valor negativo sobre o feminino tornava impossível para essa categoria não sofrer com a própria sexualidade e não se desestabilizar emocionalmente com as fantasias e desejos que a acompanham. Resumindo: as fantasias sexuais e os desejos *normais* produziam dor psíquica nas mulheres. Todas estavam fadadas a abandonar sua sexualidade em favor de uma ideologia cultural ditatorialmente fálica.

Habitamos um caldeirão de códigos e mensagens. No macrossistema social, a *verdade* dos valores culturais pode ser por nós introjetada como linguagem de signos reais que nos leva a marcados sofrimentos psíquicos.

Freud foi um dos primeiros cientistas na história do pensamento humano cujo discurso emancipava politicamente os homossexuais; ele não considerava a homossexualidade perversão social. O mesmo não se deu com sua posição pessoal e conceitual diante das mulheres; aliando-se à cultura de seu tempo, as considerava intrinsecamente perversas.

As crianças masturbadoras eram torturadas: mãos amarradas na cama, ameaças terríficas, surras homéricas etc., configuravam a metodologia pedagógica e educacional na aurora do século XX. Freud condenava tais posturas violentas. Parece que, para este revolucionário da cultura, só as mulheres se incluem de maneira imanente numa perversão cristalizada e degenerada. Menos as mães.

De tanto idealizar Amalie, sua bela e jovem mãe, a criança em Freud via na maternidade a salvação do desejo feminino. Dessexualizando obstinadamente sua amada progenitora, como o fazem todas as crianças, acabou por dessexualizar e "civilizar" o sexo das fêmeas em geral. Trata-se de um complexo de desmame radicalmente mal resolvido. Tudo o que disse e escreveu sobre a feminilidade era fundamentado em sua fantasia sobre a própria mãe idealizada. Alimentou, então, durante toda a sua vida, a crença de que a *cura* para elas, portadoras de tão assustadora *desvantagem congênita*, ou seja, a domesticação de seus desejos, seria procriar, procriar e procriar. Freud via a *mãe* em cada fêmea que espiava.

A ciência caminha, a fila anda e o mundo muda. Mudamos todos. Embarcar nas teses freudianas sobre a sexualidade feminina é como entrar no 14 Bis de Santos Dumont para voar do Rio de Janeiro até Viena em 1910: o desastre seria certo.

Uma confidência dirigida aos meus leitores: sou casado há 12 anos e minha esposa não tem filhos. Quando nos unimos ela tinha 48 anos de idade e namorou muito antes de me conhecer. *Carpe diem* [aproveite o dia] é o seu lema. Devo alarmar-me Dr. Freud?

No século V comíamos raízes para ficarmos sãos. No século X rezávamos pela nossa saúde. No século XVIII a razão nos curava. Duzentos anos após eram os comprimidos analgésicos, depois os antibióticos, os antipsicóticos, os antidepressivos, a Psicanálise, enfim, a lista é infinita. No século XXI recomenda-se: beba desta raiz.

Um belo livro que recomendo a todos: *A assustadora história da medicina* (GORDON, 2002). Nele aprendi a estancar hemorragias com ferro em brasa e a anestesiar com o clorofórmio, que na maioria das vezes matava o paciente. "A história da medicina é, em grande parte, a troca da ignorância por falácia" (Ibidem, p. 13).

Descobertas científicas insuspeitas provocam doença e morte, eis um dado histórico.

Entre os gregos, a saúde habitava na harmonia entre o sangue, a bile e o muco. O médico ateniense Galeno (132-200) era o grande nome do século II: tinha resposta para tudo. Seus dogmas reinaram na medicina por 15 séculos.

Cigarro sem nicotina, cerveja sem álcool, doce sem açúcar e mulheres sem clitóris. Eis o higienismo que hoje nos seduz.

Hipócrates (460-370 A.C.), inventor da medicina clínica, dizia: “Nossa natureza é o médico de nossas doenças”. O pai da medicina, como na historieta do Bombeiro Hidráulico que inventei acima, julgava deter um saber absoluto. Tal como Freud. Um leigo jamais poderia dizer a um médico o que fazer. Para ele era imoral e ultrajante qualquer interferência que contaminasse a devoção desinteressada de um médico. Nos dias de hoje, via internet, o doente já chega ao consultório com o seu diagnóstico e sugere procedimentos.

Três formidáveis invenções: o Pato Donald, Deus e a feminilidade teorizada por Freud. As duas primeiras vieram para alegrar os humanos, isto se formos indulgentes para com a ira divina. A terceira veio ao mundo para continuar azucrinando as mulheres.

Um amigo meu, de inteligência incomum, contou-me que está trabalhando numa invenção arrojada: o *ejaculador precoce*. Pelo que entendi, trata-se de engenhoca portátil, uma espécie de vibrador que contém em seu dispositivo um armazenador de esperma congelado. Ao usar o consolo a mulher poderia acionar um botão para fazer a maquininha ejacular. A trapizonga seria vendida em qualquer farmácia popular.

Tal imaginário só é possível num mundo desabitado pela autoridade patriarcal. Destituir o símbolo paterno, essa referência tão antiga e pujante, tem e terá seus efeitos na realidade do mundo social.

Freud talvez não estivesse emocionalmente disponível para enxergar a *selvageria manifesta* do sexo fálico e patriarcal.

Ele chegava a ver a perversão polimórfica latente do macho, mas, afinal de contas, o homem que é homem másculo está estrutural, intelectual e eticamente aparelhado para elaborar questões tão delicadas.

Na ata da Sociedade Psicanalítica de Viena de 30 de janeiro de 1907 está escrito: "Nossas curas são curas amorosas" (FREUD; FERENCZI, 1994, p. 49). Palavras de Freud. Era uma advertência: amem as pacientes analisantes, mas não façam delas suas amantes. Por quê? Porque o amor de transferência é amor verdadeiro. Daí ao sexo há um milímetro de distância.

"Eu mesmo não me deixei apanhar, mas estive perto de fazê-lo..." (Idem). Ninguém, nem O Bombeiro Hidráulico, escapa de ser um cidadão comum. Não estou escrevendo a história assustadora da psicanálise. Talvez seja mais a história assustadora da humanidade do homem: todos nós defecamos, urinamos e desejamos sexualmente algum outro. Mesmo para além das regras, das normas culturais, das leis societárias que inventamos e dos pactos juramentados. O inconsciente é fora da lei e não somente o inconsciente *das mulheres*. Somos todos atravessados por um *desejo de transgredir*. O que vamos fazer com isso, ou com o Isso, é outra história.

O suíço Jung e o húngaro Ferenczi eram os pupilos diletos de Freud. Em 1904 o primeiro fez de Sabina Spielrein, jovem paciente de 18 anos de idade, sua amante. Corrigindo: ambos se fizeram amantes. Essa moça tornou-se psicanalista talentosíssima; foi dela o conceito de Pulsão de Morte, esse mesmo *Tânatos* (*Todestrieb*) do qual Freud e Jung se apropriaram como se a ideia fosse de suas próprias lavras. Sem citá-la ao menos uma vez.

Ferenczi, o magiar, em 1909 amava Gizella Palós, que era casada com Géza Palós, e ambos os Palós tinham uma filha que se chamava Elma Palós. Elma iniciou uma análise com Ferenzci, que se apaixonou por Elma, tornando-se seu amante. Ao trair Gizella, que era casada com Géza, Ferenczi escreve à Freud pedindo conselhos. Em seguida enviou Elma a Freud para uma análise dizendo que tinha pretensões de se casar com ela. Freud interfiriu, era contra essa suruba. Freud escrevia cartas a Ferenczi e a Gisella dizendo sobre seu aborrecimento com o caso. Gizella mostrava a Ferenczi as cartas que recebia de Freud e todo mundo se aborrecia com todo mundo. Freud venceu, Elma se casou com um americano e Ferenczi se casou com Gizella. *The end.*

Toda essa futilidade patética formatava o *desbunde* psicanalítico. Indivíduos sexualmente ingênuos e inexperientes, submetidos aos mais severos tabus sociais, entregavam-se as paixões mais irracionais e tolinhas; se considerarmos os marmanjos que eram. Sem dúvida, pelo olhar de hoje, um bando de *nerds.*

Esses cidadãos eram pensadores, supostamente adultos e eruditos. O que quero dizer é que a boemia rolava solta em seus países de origem. A *ralé*, segundo Freud, esbaldava-se. Em Viena e principalmente em Budapeste, terra de Ferenzci, os cafés apinhados e as noitadas nos grandes *boulevards*, as facilidades do metrô recém-inaugurado etc., tudo isso era cercado por um aumento de 300% da renda *per capita* como consequência da política liberal e industrial do novo império Austro-Húngaro de 1867.

Em Budapeste o número de habitante passava dos 400.000 em 1880 e chegou a um milhão em 1905. Não estou me referindo a um pequeno grupo de intelectuais, como esses acima citados. Refiro-me à boemia, aos novos ricos e aos cervejeiros notívagos que sequer ainda tinham ouvido falar na tal da Psicanálise. Não eram somente os homens que frequentavam tais espaços. Eles e elas o frequentavam. Não havia uma Causa freudiana em suas pautas. Simplesmente vivia-se a vida à margem da *kultur* oficial, da metafísica e da abstração reflexiva. Para levar uma mulher ou um homem para a cama, nenhum homem ou mulher pensou filosófica ou psicanaliticamente desde que o mundo é mundo.

Mas a Psicanálise, suas instituições socialmente representativas, enfim, o saber psicanalítico não é mais formador de opinião sobre uma sociedade que fez da violência sexual uma endemia. Não há uma região do planeta que escape da estatística; 7,2% das mulheres no globo terrestre já sofreram agressão sexual fora de seus relacionamentos (*O Globo*, 13.02.2014). Do Ocidente ao Oriente são frequentes as notícias de estupros e assassinatos. Algo em torno de *250 milhões* de mulheres. Considerando os inúmeros assaltos sexuais que são realizados por mais de um homem para cada mulher, somados aos que se casam com meninas, temos que inferir que a cifra de homens sexualmente bárbaros ultrapassa os 30% da população masculina planetária. Já dissemos isso no capítulo anterior. Se incluirmos a violência pedofílica propriamente dita chegaremos a algo perto de *mais de um bilhão* de homens sexualmente primatas.

Ao considerarmos que metade da população do mundo, talvez mais, seja da categoria infantojuvenil e de indivíduos idosos, chegamos a números aterradores: 50% dos mamíferos humanos masculinos e adultos sexualmente ativos que habitam o globo terrestre são trogloditas sexuais.

Quem é, afinal, o réptil do pedaço?

Por tudo isso o *imbróglio* sexual e amoroso, na Causa freudiana, é de uma dinâmica deveras infantiloide. Ernest Jones, psicanalista, discípulo da primeira hora e biógrafo oficial de Freud, também se enrolou com uma paciente com a qual se casou. O pessoal gozava gostoso e ia pedir perdão ao mestre. Sua posição jamais foi favorável às confusões de seus *filhos* com as pacientes. Mas não podemos dizer que ele via tudo isso como uma tragédia grega. Aliás, exatamente por enxergar nisso os resquícios de uma tragédia, o complexo de Édipo, sua tese axial fundamentada em *Édipo Rei*, de Sófocles, ele sempre via tais questões como humanas, demasiadamente humanas. Ponto para Freud.

Diante dos números acima, qual a serventia de uma ciência cujo aforismo primordial nos diz que *não há relação sexual*? Com a palavra as mulheres estupradas a assaltadas.

De que modo as ilusões, os fantasmas e a ideologia de Freud ainda exercem eficácia histórica no campo das instituições psicanalíticas até os nossos dias? O problema é colocado quando os axiomas ideológicos do ato fundador produzem a *situação autoritária* já referida, exercendo eficácia histórica e *científica* referente às verdades, aos preconceitos e às tendenciocidades do fundador. O nomeado Ato Fundador contamina toda a relação com as autoridades que compõem o sistema de pensamento e a produção de conhecimento da ciência que se quer legitimar.

Se formos seguir Lacan e considerarmos o conceito do complexo de Édipo, um dos pilares da obra, como um sonho de Freud, fica em xeque tudo que o mestre de Viena teorizou sobre a feminilidade. Isto porque a construção freudiana sobre o feminino foi extraída da situação edípica. Um sonho puxa uma ilusão, e fazer da imagem onírica um real é liberar para a ciência grave estreiteza ideológica.

Existiria um lugar não ideológico de onde seria válido falar cientificamente da Psicanálise? A teoria psicanalítica sobre a inferioridade do feminino é tão ideológica quanto o foi a física pré Galileu ou quanto a astronomia pré Copérnico.

Mesmo como teoria social, as teses de Freud sobre as mulheres são de uma fragilidade retumbante. Tão violento quanto atacar mulheres é atacar conceitualmente a feminilidade em sua estrutura básica. Sua fraqueza epistemológica denuncia a inteligência explicativa de seu autor, mas também ilumina sua não verificabilidade universal, sua superficialidade e sua ignorância em face de suas reais motivações e interesses pessoais; ao redor das posições ideológicas ou fantasísticas, é o próprio fundador que devemos interrogar.

Posso, teoricamente, falar de uma estrutura sem sujeito. Mas não serei eu um sujeito falando de uma estrutura sem sujeito?

A questão é: todo discurso se assenta sobre um sujeito e todo sujeito é ideológico.

Haverá na clínica psicanalítica, desde que Freud a inventou, uma só interpretação que possa ser formalizada sem uma subjetividade ideológica do interpretante?

Que analistas e analisandos estejam atentos para isso. Não é o fim do mundo.

Os fatos do mundo provam: é assustador, posto que perigosíssimo, o sentimento de inferioridade do homem moderno diante da feminilidade da fêmea.

O resto não é silêncio, é ingenuidade epistemológica.

Bibliografia

APPIGNANES, Lisa; FORRESTER, John. *As mulheres de Freud*. Rio de Janeiro: Record, 2010.

ENGEL, Pascal; RORTY, Richard. *Para que serve a verdade?* São Paulo: UNESP, 2008.

FALZEDER, Ernst; GIAMPIERI, Patrizia (Orgs.). *Correspondência Sigmund Freud / Sándor Ferenczi (1908-1911)*. Tomo I. Rio de Janeiro: Imago, 1994.

FREUD, Sigmund. *A interpretação dos sonhos*. Obras completas, vol. IV. Rio de Janeiro: Imago, 1974.

____. *Bate-se numa criança*. Obras completas, vol. 14. São Paulo: Companhia das Letras, 2010.

____. *Criminosos em consequência de um sentimento de culpa*. Obras completas, vol. XIV. Rio de Janeiro: Imago, 1974.

____. *Feminilidade*. Obras completas, vol. XXII. Rio de Janeiro: Imago, 1974.

____. *O problema econômico do masoquismo*. Obras completas, vol. XIX. Rio de Janeiro: Imago, 1974.

____. *Reflexões para tempos de guerra e morte*. Obras completas, vol. XIV. Rio de Janeiro: Imago, 1974.

____. *Sexualidade feminina*. Obras completas, vol. XXI. Rio de Janeiro: Imago, 1974.

GAY, Peter. *O cultivo do ódio – a experiência burguesa da Rainha Vitória a Freud*. São Paulo: Companhia das Letras, 1995.

____. *Freud – uma vida para o nosso tempo*. São Paulo: Companhia das Letras, 2002.

GORDON, Richard. *A assustadora história da medicina*. Rio de Janeiro: Prestígio Editorial, 2002.

GRANET, Marcel. *O pensamento chinês*. Rio de Janeiro: Contraponto, 2008.

ISAACSON, Walter. *Einstein – his life and universe*. Nova Iorque: Simon & Schuster Paperbaks, 2007.

KANT, Immanuel. *Metafísica dos costumes*. Petrópolis - RJ, 2013.

LACAN, Jacques. *As formações do inconsciente*. Seminário 5. Rio de Janeiro: Zahar, 1999.

____. *A relação de objeto*. Seminário 4. Rio de Janeiro: Zahar, 1994.

MELMAN, Charles. *O homem sem gravidade*. Rio de Janeiro: Companhia de Freud, 2003.

PORGE, Erik. *Freud/Fliess – mito e quimera da auto-análise*. Rio de Janeiro: Zahar, 1998.

ROUDINESCO, Elisabeth. *Freud – mas por que tanto ódio?* Rio de Janeiro: Zahar, 2011.

Este livro foi impresso nas oficinas gráficas da Editora Vozes Ltda.,
Rua Frei Luís, 100 – Petrópolis, RJ.